Jeremy Bentham

AF891540

Grundsätze für ein künftiges

Volkerrecht

und einen dauernden Frieden

Elibron Classics
www.elibron.com

Elibron Classics series.

ISBN 0-543-70604-4 (paperback)
ISBN 0-543-70603-6 (hardcover)

This Elibron Classics Replica Edition is an unabridged facsimile of the edition published in 1915 by Max Niemeyer, Halle.

Jeremy Benthams
Grundsätze für ein künftiges Völkerrecht und einen dauernden Frieden
(Principles of international law)

übersetzt von

Dr. Camill Klatscher

Mit einer Einleitung

über

Bentham, Kant und Wundt

herausgegeben von

Oskar Kraus
Professor an der deutschen Universität in Prag

Halle a. S.
Verlag von Max Niemeyer
1915

Inhaltsverzeichnis.

Ein Vorwort

zu einer Einleitung könnte ein überflüssiges Ding erscheinen. Es soll auch nur dazu dienen, den Standpunkt des Herausgebers in aller Kürze zu charakterisieren und ihn vor Mißverständnissen zu schützen.

Der ehrwürdige Name der „Politik“, den Aristoteles für jenen Teil der Ethik gewählt hat, die es mit den Aufgaben des Staates zu tun hat, ist seit langem schon mißbraucht worden für Bestrebungen und Lehren, die nichts anderes als politische Macht im Auge haben.

Diese Auffassung ist, wie schon von anderen mit Recht hervorgehoben wurde, durchaus nicht die der großen deutschen Denker; sie ist Machiavellistischen Ursprungs.

Nach der Lehre aller wahrhaft bedeutenden Ethiker und Philosophen — besonders auch der deutschen — sollen wir alle Diener des Staates sein, sofern dieser selbst Diener ist der Verwirklichung der ethischen Ideale.

Es war von großem Nachteil für die gerechte Beurteilung des deutschen Volkes, seiner Gesinnung und Gesittung, daß man im Auslande Übersetzungen aus Werken minder bedeutender Schriftsteller verbreiten konnte, die von solch sittenfremdem Geiste diktiert sind.

Wir müssen uns dagegen verwahren, daß derartige Autoren als die Repräsentanten der deutschen wissenschaftlichen Ethik und Politik und des deutschen Geistes gelten.

Und wie wir Gerechtigkeit gegen unsere führenden Geister fordern, so sollen und wollen auch wir gerecht sein gegen „die großen Lehrer des Menschengeschlechtes“, gleichgültig, welchem Volke sie entstammen.

Von diesem Standpunkte aus verteidigt die vorliegende Abhandlung Jeremy Bentham gegen haltlose Angriffe und läßt die beigegebene Übersetzung einer seiner wenigst bekannten Schriften den Mann selbst sprechen.

Ich verteidige in Bentham einen Engländer, der so unvoreingenommen ist, seine Landsleute die „größten Sünder“ in politischen Dingen zu nennen, der von ihnen die Preisgabe Gibraltars ebenso fordert, wie die Preisgabe ihres Anspruches auf Beherrschung des Weltmeers.

Ich verteidige ferner in Bentham einen Denker, der das größtmögliche Wohl der gesamten Menschheit durch sein ganzes Leben sich zum Ziele setzte und verteidige dieses Prinzip selbst.

Es ist das Verkehrteste, was geschehen kann, wenn wir den berechtigten Kerngedanken des Utilitarismus, der — auf alle idealen Werte erweitert — das höchste sittliche Gebot ausspricht, darum verwerfen wollten, weil auch ein Engländer es, allerdings mit beispiellosem Erfolge, verfochten hat.

Und ich verteidige endlich in Bentham, dessen angeblich verwerflicher Ethik Wundt die Schuld an dem Weltkriege aufbürdet, einen der größten Pazifisten und zugleich den Pazifismus selbst.

Wir stehen entsetzt vor den Verwüstungen, die der Krieg nicht nur an den kulturellen Schöpfungen menschlichen Intellekts und Gemütes anrichtet, sondern an dem menschlichen Denken und Fühlen selbst.

Es ist, als ob die Leidenschaft zu einer zeitweiligen Umnachtung der Geister geführt hätte.

Auf eine andere Weise ist es nicht zu erklären, daß heute selbst von „wissenschaftlicher“ Seite Sätze bestritten werden, die zu den elementarsten Bestandteilen ethisch-praktischen Denkens gehören: daß das Beste des weitesten Kreises anzustreben das höchste ethische Gebot ist, daß in diesem Sinne sich jeder so nützlich zu machen habe als möglich, daß derselbe kategorische Imperativ auch für die Staaten Geltung habe und es Gebote der Gerechtigkeit und der Liebe wie zwischen Einzelnen, so auch zwischen Staaten gibt. Daß solches, was in sich wertvoll ist, nur auf seelischem Gebiete angetroffen wird, daß zu diesen Gütern neben und vor den sinnlichen Freuden die intellektuellen Werte des Wissens und Erkennens, die ethischen der edlen Gemütstätigkeiten, die ästhetischen des künstlerischen Erlebens gehören. Daß alle diese und ähnliche Güter nur in einem geordneten gesellschaftlichen Zusammenleben gefördert werden können, und daß es der Zustand des Friedens ist, in welchem allein sie gedeihen. Daß somit der Krieg, der Nützlichkeiten und Eigenwerte vernichtet, der die Musen zum Schweigen bringt, die Furien entfesselt, Not, Tod und Jammer sendet, nicht etwas in sich Wertvolles ist, sondern ein Übel, dessen Zulassung nur durch die segensreichen Wirkungen gerechtfertigt werden kann, die man von ihm für einen dauernden Frieden erwartet.

Daß ein solcher nur auf Grundlage der Gerechtigkeit geschlossen werden darf, und daß man — wie Kant und Bentham übereinstimmend lehren — allererst nach dem Reiche der Gerechtigkeit trachten müsse.

So heißt denn Bentham in Schutz nehmen, dem Prinzipe des sacro egoismo den Grundsatz: the greatest happiness of the greatest number entgegenstellen.

Prag, im Juni 1915.

Oskar Kraus.

Bentham, Kant und Wundt.

Eine Einleitung
zu Jeremy Benthams „Principles of international law"
von Oskar Kraus.

I.

Mehrfach ist in der jüngsten Zeit die Forderung erhoben worden, die Übersetzungen fremdländischer Autoren und insbesondere solcher Schriftsteller, die einem feindlichen Staate angehören, einzuschränken.

Man wird dieses Verlangen nur bei solchen Autoren für berechtigt halten, bei denen der Vorteil ganz auf seiten des übersetzten Autors liegt, also bei minderwertigen Erzeugnissen.

Es ist ein verbrecherisches Unternehmen der englischen Regierung gewesen, die Bevölkerung der verbündeten Reiche durch Unterbinden der Nahrungszufuhr dem Hungertode überliefern zu wollen. Es wäre aber zum mindesten töricht, wollten wir englische Geistesprodukte einzig und allein aus dem Grunde verschmähen, weil sie aus Feindesland stammen.

Die gelehrte Welt aller Staaten und aller Zungen nimmt ohnedies auch jetzt, soweit dies überhaupt möglich ist, Kenntnis von den fremdsprachigen Neuerscheinungen des jeweiligen Forschungsgebietes; und kein Forscher denkt daran, von nun an etwa die ältere Literatur, soweit sie den uns bekriegenden Staaten entstammt, zu vernachlässigen. Auch in geistiger Beziehung gibt es keinen „geschlossenen Handelsstaat"; alles beruht hier auf geistigem Austausch. Hüben und drüben.

Es kann sich also lediglich um die Frage handeln, ob eine Übersetzung, die — wie immer sie auch den Gelehrten willkommen sein mag — doch für einen weiteren Leserkreis berechnet zu sein pflegt, darum unterlassen werden soll, weil dadurch eine Geistesarmut dargetan wird, die uns in beschämender Weise von der Kultur des bekämpften Staates abhängig erscheinen läßt.

Doch über einen solchen Verdacht ist das deutsche Volk erhaben. Seine wissenschaftliche Literatur beherrscht die Welt.

Auch könnten ähnliche Bedenken höchstens bei einem lebenden und noch um seine Anerkennung ringenden Schriftsteller in Frage kommen, nicht bei einem Manne, der dem Ende des 18. und dem Anfange des 19. Jahrhunderts angehört, und dessen Weltruhm längst gesichert ist — nicht bei dem Engländer Jeremias Bentham.

Eines seiner Hauptwerke „Grundsätze der Civil- und Criminalgesetzgebung“ ist von einem der angesehensten Denker Deutschlands, Friedrich Eduard Beneke, nach der französischen Ausgabe des Etienne Dumont im Jahre 1830 ins Deutsche übertragen, andere sind von anderen übersetzt worden.[1]

Die Schrift „principles of international law“, deren Übertragung ich bei meinem Freunde Herrn Dr. jur. C. Klatscher angeregt habe, ist bei uns recht unbekannt. Auch in der gelehrten Literatur wird sie wenig berücksichtigt. Es fragt sich also bloß, ob dies etwa ein Zeichen für ihre Wertlosigkeit ist; allein in dieser Beziehung bin ich in der Lage, mich auf einen unverdächtigen Gewährsmann zu berufen, auf einen der besten deutschen Männer, auf Robert von Mohl. In seinem berühmten Werke: „Die Geschichte und Literatur der Staatswissenschaften“ bezeichnet er „die Auffindung und Bekanntmachung der Handschrift als ein wahres Verdienst“. Er würde ein solches auch der Übersetzung kaum abgesprochen haben. Dies umsoweniger, als, wie wir sehen werden, es sich bei der Verbreitung der Gedanken dieser Schrift nicht bloß um geistige Nahrung, sondern um geistige Waffen handelt, die uns ein Engländer gegen England in die Hand drückt. Waffen freilich, nicht um den Krieg, sondern um den Frieden zu gewinnen.

Immanuel Kant und Jeremias Bentham stehen in den ethischen Prinzipienfragen einander schroff gegenüber; in ihrer Stellung zu der Frage nach einem ewigen, oder sagen wir lieber dauerhaften Frieden, nähern sie sich einander bis zur Übereinstimmung.

Sie werden zu Bundesgenossen.

Für Kant folgt die Pflicht, einen ewigen Frieden herbei-

---

[1]) Die Ausgabe der Benthamschen Werke von John Bowring (Edinburgh) umfaßt 11 Bände Großquart in überaus kleinem Druck; sie enthält nicht alle Schriften Benthams.

zuführen, aus seinem kategorischen Imperativ, für Bentham aus dem Prinzip des allgemeinen Nutzens.

Alle jene also, die den Krieg nicht für etwas halten, das, sei es in sich selbst, sei es wegen seiner voraussichtlichen Folgen oder Begleiterscheinungen, von überwiegendem Segen für die Menschheit ist, müssen die Benthamsche Schrift als ihrer Tendenz nach gemeinnützig beurteilen.

Ob sie nicht nur der Absicht nach, sondern tatsächlich nutzbringende Gedanken enthält, wollen wir später untersuchen; vorerst aber gilt es, Benthams ethische Prinzipien gegen den Vorwurf der Gemeinschädlichkeit zu verteidigen.

Der Leser wird vielleicht erstaunt sein über dieses Vorhaben; denn es klingt seltsam, einen Denker vor der Anklage der Gemeinschädlichkeit schützen zu wollen, der sich die Gemeinnützigkeit zum obersten Leitstern aller seiner überaus zahlreichen Werke gewählt hat.

Allein diese Anklage ist wirklich und erst jüngst erhoben worden und zwar von einem Manne, der sich keine geringe Berühmtheit als Philosoph und insbesondere auch als Ethiker und Geschichtschreiber der Ethik erworben hat: von Wilhelm Wundt, Professor der Philosophie in Leipzig; in seiner Flugschrift „Über den wahrhaften Krieg"; Rede, gehalten in der Alberthalle zu Leipzig am 10. September 1914 (Verlag Kröner).

Die Beschuldigung geht also nicht aus von Wundt dem Ethiker, sondern von Wundt dem Rhetor.

Diese Scheidung müssen wir machen; denn Wundt der Ethiker hat in seiner im Jahre 1912 in 4. Aufl. erschienenen dreibändigen Ethik ganz anders geschrieben, als der Redner Wundt 1914 gesprochen hat.

Doch unsere Apologie Benthams soll nicht in eine ungerechtfertigte Anklage Wundts ausarten. Wir wollen nicht der mildernden Umstände vergessen, die aus einer vorsätzlichen Verleumdung eine fahrlässige Ehrverletzung machen: ich meine den gerechten Zorn, den Affekt über das heuchlerische Vorgehen der englischen Regierung, welche die hochgesitteten Kulturvölker Deutschlands und Österreichs der russischen Herrschaft und den Schrecken des Zarismus ausliefern möchte, weil sie unter „Freihandel" ihren eigenen von deutschem Wettbewerb befreiten Handel versteht.

Und da mochte in Wundt der „zornmütige Seelenteil" —

um mit Plato zu sprechen — die Herrschaft über den vernünftigen gewinnen und den Redner Wundt vergessen machen, was der Ethiker 1912 über Bentham geschrieben hat; auch stand Wundt zur Zeit seiner Kriegsrede schon im 82. Lebensjahre.

Daß die Rede von einem starken Affekt getragen ist, das geht aus ihr selbst hervor. Seite 13 heißt es: „Doch der Hauptschuldige bei der Anfachung dieses Weltbrandes bleibt England ... Das ist es, was uns heute mit tiefem Schmerz, aber auch mit gerechtem Zorn gegen dieses uns stammverwandte England erfüllt, dessen Verfassung wir bis vor kurzem als ein Vorbild bürgerlicher Freiheit betrachtet haben, und dessen Dichter und Denker uns heute noch als die unseren gelten, Blut von unserem Blute, Geist von unserem Geiste." —

„Schmerz und Zorn", selbst wenn sie gerechtfertigte Affekte sind, beeinträchtigen das Urteilsvermögen. „Sine ira et studio" ohne Zorn und Eifer ist diese Rede nicht zustande gekommen und sollte sie nicht zustande kommen.

Dieser heilige Eifer für die gerechte Sache ist das Schöne an ihr.

Schön ist aber auch der versöhnliche Sinn, der aus ihr spricht; nichts anderes wünscht der Redner, als England zu zwingen, „seine verderbliche Politik der Einkreisung Deutschlands, der deutschen Nation und der deutschen Kultur, ein für allemal zu begraben. Dann erst, wenn dies geschehen ist, wird der Tag gekommen sein, wo wir wiederum daran denken können, Hand in Hand mit einem wiedergeborenen England die großen Aufgaben zu pflegen, die den germanischen Völkern in der Welt gestellt sind".

Und nicht minder schön als dieser versöhnliche Geist ist das Streben, den Repräsentanten der englischen Philosophie gerecht zu werden.

„Wir alle blicken", sagt Wundt Seite 21, „zu den großen englischen Philosophen der Vergangenheit mit Ehrfurcht und Dankbarkeit empor. Ein Bacon, Locke, ein Shaftesbury, Berkeley und Hume, wir betrachten sie als die unseren, nicht weniger wie uns die großen Naturforscher und Geschichtsschreiber Englands als die unseren gelten."

Das ist gewiß edel und vorurteilslos gesprochen.

Nun aber fährt Wundt fort: „Aber die populäre Philosophie,

die das heutige England beherrscht, ist nicht die dieser Männer. Die Moral, von der England im Grunde seines Herzens, vom Staatsmann bis zum gänzlich unphilosophischen Geschäftsmann erfüllt ist, diese Moral ist die Nützlichkeits- oder, wie man sie auch mit einem vieldeutigen Ausdruck nennt, die Wohlfahrtsmoral. Ihr treuester philosophischer Interpret ist einer der bedeutendsten Juristen Englands aus dem vorigen Jahrhundert, Jeremias Bentham. ‚Jeder tue, was ihm selbst nützlich ist', so lautet das Grundaxiom dieser Moral. Doch diesen Satz soll man mit der gehörigen Klugheit befolgen und das tut der, der ihn nur insoweit anwendet, als es mit den gleichen Interessen seiner Nebenmenschen vereinbar ist. Als diese Nebenmenschen sind aber zunächst nur die Engländer gedacht. Für das Verhältnis zu anderen Nationen gilt unumschränkt der andere Grundsatz: Mein Land ist meine Welt. Diesen anderen Nationen gegenüber wird daher jener Utilitarismus zum schnödesten, rücksichtslosesten Egoismus." ... „Und noch ein anderer Satz der Lehre Jeremias Benthams ist auch für die internationale Politik Englands bezeichnend. Glücksgüter zu erwerben und zu bewahren, das ist nach der Lehre des englischen Utilitariers das verborgene oder offen eingestandene Ziel alles menschlichen Strebens. Aber welches von mehreren Gütern man vorziehen soll, wenn die Wahl freisteht, das ist, sagt Bentham, eine schwierige Frage, die sich mit einiger Sicherheit nur entscheiden läßt, wenn man das allgemeine Tauschmittel der Güter, das Geld, zum Maßstab nimmt. Das Gut, das mehr Geld kostet, ist das höhere Gut."

Diese Benthamschen Grundsätze, meint Wundt, würden zwar nicht von allen utilitarischen Philosophen Englands geteilt, aber der Dutzendengländer und die englische Regierung handeln nach diesem Rezept.

Und so wird also Bentham als der Typus und intellektuelle Urheber der englischen Regierungsmoral und Politik und als Urbild niedrigsten Krämergeistes darzustellen gesucht.

Und doch war Bentham von all dem das genaue Gegenteil.

Folgendes ist die Wahrheit über Bentham, wie sie sich aus seinen Schriften, aus den Urteilen der Geschichtsschreiber der Ethik und aus Wundts eigenen Darstellungen früherer Jahre ergibt: Benthams oberster praktischer Grundsatz, der sowohl für den einzelnen als Privatmann, als auch für den Leiter der inneren und auswärtigen Politik Richtschnur zu sein hat, ist das von ihm sogenannte „greatest happiness principle", d. h. das Prinzip der größten Glückseligkeit. Jedermann hat darnach die „Maximation der Glückseligkeit" anzustreben, nämlich: „die größtmögliche Wohlfahrt der größtmöglichen Zahl". Dieses Prinzip nennt er auch das Nützlichkeitsprinzip. Nicht einmal, nein, ungezähltemal findet sich diese Norm in Benthams Werken ausgesprochen.

Er nennt diese Regel ein „axiom selfevident and not standing in need of proof", also ein selbstevidentes oder einsichtiges Axiom, das keines Beweises bedarf (Works IX Const. Code).

Daß also der Satz „jeder tue, was ihm selbst nützlich ist" das Grundaxiom der Benthamschen Moral sei, ist unrichtig. Es lautet vielmehr: „jeder mache sich so nützlich als möglich".

Wahr ist, daß es nach ihm nur ein primäres Gut oder nur einen unmittelbaren Wert gibt, das ist die Lust (Freude) und die Freiheit von Schmerz (Trauer) und nur ein primäres Übel (Unwert), das ist der Schmerz (die Unlust) und die Freudlosigkeit.

Hinsichtlich dieser einzigen Eigenwerte und Übel, die Bentham kennt, lehrt er sieben Wertaxiome: es hänge die Wertgröße ab 1. von der Intensität, 2. von der Dauer, 3. von der Wahrscheinlichkeit des Eintrittes, 4. von der zeitlichen Entfernung des Eintrittes, 5. von der Ausdehnung auf eine größere oder geringere Zahl von Personen, 6. u. 7. von ihrer Fruchtbarkeit oder Sterilität („Reinheit").

Aus dem fünften Axiom — der Vervielfältigung oder Ausdehnung auf eine größere Zahl von Personen — folgt ohne weiteres das Prinzip der größtmöglichen Summierung des Glückes. Man sieht also mit Leichtigkeit, daß für Bentham die Summierung der Werte oder seelischen Güter ein einleuchtendes Axiom ist, das keines Beweises bedarf, ja keines fähig ist. Er hat selbst eine gewisse Ähnlichkeit mit den mathematischen Axiomen hier festgestellt und darum gemeint, man könne es in der Ethik zu einer Art „moralischen Arithmetik" bringen. Mit einem Worte, diese moralischen Axiome waren für ihn apriorische Sätze.

Die eben erwähnte Wertaxiomatik ist eine der eigentümlichsten Leistungen Benthams, die für die Wissenschaft schon bedeutende Anknüpfungspunkte geboten hat. Jevons hat sie an die Spitze seiner politischen Ökonomie gestellt.

Ein anderer, nicht minder interessanter und für die Wertlehre wichtiger Satz ist das von mir sogenannte „Benthamsche Gesetz“, wonach das Wachstum des Glückes nicht gleichen Schritt hält mit dem Wachstum des Vermögens;[1]) ein empirischer Satz, aus welchem Bentham die soziale Forderung einer gleichmäßigeren Verteilung des Eigentums erhebt und der ihn den berühmtesten Werttheoretikern Gossen, Karl Menger und anderen an die Seite, ja als Vorgänger voranstellt.[2])

Bei dem axiomatischen und apriorischen Charakter der erwähnten fundamentalen Wertsätze ist es relativ gleichgiltig, daß Bentham von seinen Vorgängern die Lehre übernommen hat, daß jeder Mensch ursprünglich nur seine eigene Lust wertet und nur seinen eigenen Schmerz haßt.

Es konnte freilich weder ihm noch seinem Schüler John Stuart Mill in logisch einwandfreier Weise gelingen, von diesem Gedanken aus den Weg zu seinem obersten Prinzip der Moral und Politik zu finden, und darum hat Bentham diesen Weg verlassen müssen und das greatest happiness principle für axoimatisch erklärt.

Ebensowenig ist es natürlich seinen Vorgängern gelungen, einen Pfad zu finden, der von der Selbstliebe zur Fremdliebe führt. Denn weder von dieser noch von jener, sondern von der Wertliebe aus muß die Ethik begründet werden.

Wer waren diese Vorgänger Benthams?

Aus dem Altertum tauchen da die Namen eines Aristipp, Eudoxus, Epikur auf, der bekannten Vertreter einer „hedonistischen“ Ethik, mit egozentrischem Einschlag.

Aber auch manche Namen aus neuerer Zeit gehören hierher und merkwürdigerweise ganz besonders jener Lockes (1632—1704), eines englischen Denkers, zu dem Wundt „mit Ehrfurcht und Dankbarkeit“ emporblickt.

„Als letztes Motiv aller sittlichen Handlungen“ so äußert sich Wundt in seiner Ethik 1912, II, S. 123 über Locke, „betrachtet

---

[1]) Vgl. meine Schrift: Zur Theorie des Wertes. Eine Benthamstudie. Halle 1901.

[2]) Vgl. Lujo Brentano: Die Entwicklung der Wertlehre. München 1908; Rudolf Kaulla: Die geschichtliche Entwicklung der modernen Werttheorien. Tübingen 1906.

aber auch er die Selbstliebe, die er in ihrer Entstehung und ihren Wirkungen näher analysiert. Indem er sie aus der Fähigkeit Lust und Schmerz zu empfinden ableitet, sucht er dann die Entstehung sittlicher Regungen aus der Beobachtung der gesellschaftlichen Verhältnisse und aus den sich ergebenden nützlichen und schädlichen Folgen unserer Handlungen zu erklären".

Wenn nun der egoistische Ausgangspunkt Lockes Wundt nicht hindert, diesen Philosophen verehrungswürdig zu finden, wie ist es zu erklären, daß er Bentham, sofern dieser in den gleichen Fehler verfällt, verdammt? wo es doch zweifellos ist, daß Bentham den Lockeschen Boden verläßt und zu dem Gedanken greift, daß das greatest happiness principle ein selbstevidentes Axiom ist?

Bentham hat den Fehler, den Locke begangen hat, abgeschwächt, ja an all den vielen Stellen korrigiert, wo er sein oberstes Prinzip, den allgemeinen Nutzen, für axiomatisch erklärt.

Aber noch mehr! „Bacon, Locke, Shaftesbury, Hume Berkeley" nennt Wundt als englische Denker, zu denen wir alle mit Erfurcht und Dankbarkeit emporblicken. Jeder dieser Denker aber vertritt Lehren, die mit hedonistischen, eudämonistischen und utilitarischen Elementen durchsetzt sind. So Shaftesbury (1671—1713); sein Moralsystem wird mit Recht als eudämonistisch bezeichnet; es unterscheidet selbstische und soziale Neigungen als natürliche von den unnatürlichen. Nichts anderes kann nach ihm ein Gut sein, als etwas, was Befriedigung oder Genuß (enjoyment) — nicht notwendig sinnliche Lust! — gewährt. Das höchste Gut aber kann nichts Vorübergehendes sein, da nun der einzelne Genuß etwas Vergängliches ist, so besteht das höchste Gut in der größtmöglichsten Summe von Genüssen oder Befriedigungen (satisfactions), d. h. in der Glückseligkeit.

Den Gedanken einer „moralischen Arithmetik", den Bentham näher ausgeführt hat, finden wir bei ihm ausgesprochen, er hofft, man werde zu einer Art ethischen Kalkuls vordringen, der die Evidenz der Mathematik besitzt. Die geistigen Genüsse stehen über den physischen und die gemeinnützigen Neigungen dienen der Vervielfältigung der eigenen und fremden Freuden. Das ethisch Gute besteht in dem richtigen Verhältnisse der selbstischen und sozialen Neigungen; es ist zugleich das wahrhafte Mittel zur Glückseligkeit. Dieses richtige Verhältnis offenbart uns der moralische Sinn.

Der Tugend folgt die Glückseligkeit, ja, in gewissem Sinne kann man sagen, daß die richtige Selbstliebe die höchste Weisheit ist.

Wiewohl die Ethik Shaftesburys durch seine Theorie des moralischen Sinnes sich von der Lehre Benthams unterscheidet und den „sozialen Neigungen die gleiche Ursprünglichkeit einräumt wie den egoistischen“ (Wundt, Ethik II, 138) ist ihm dennoch „die Glückseligkeit ein Bestandteil der Sittlichkeit“ (Wundt a. a. O. 138) und Wundt selbst zählt Shaftesbury zu den Vertretern einer „gemäßigten altruistischen Wohlfahrtsmoral“, a. a. O. S. 275.

„Bestimmter“ heißt es dort „haben dann namentlich Shaftesbury und Hume in der richtigen Abwägung des eigenen gegen das fremde Interesse die sittliche Gesinnung erblickt. In dem neueren Utilitarismus, der das Gesamtwohl energischer betont, ist jener Gedanke mehr zurückgetreten; aber indem man in dem Gesamtwohl das Wohl aller einzelnen oder, nach Benthams Ausdruck, das größtmögliche Wohl der größtmöglichen Zahl erblickte, wurde es als selbstverständlich betrachtet, daß das eigene Ich in diese Zahl mindestens als Einheit mit eingehe“.

Man beachte wohl, daß hier Wundt von Bentham als einem Vertreter einer gemäßigten altruistischen Wohlfahrtsmoral redet, der „das eigene Ich als Summanden in die Gesamtheit aufnimmt, das Gesamtwohl also unbedingt als übergeordnete Größe betrachtet“!

S. 273 des zitierten Werkes schreibt Wundt: „Aber wenn der deutsche Rationalismus von Leibniz bis auf Kant in der ‚Selbstvervollkommnung‘ alle höheren Pflichten gegen sich selbst zusammenfaßte, und wenn nicht nur Fichte und Schleiermacher, sondern ebenso Bentham und Mill auf die ethische Ausbildung der eigenen Persönlichkeit zum Teil eben um deswillen den größten Wert legten, weil dadurch die für andere und für die Allgemeinheit nützlichen Eigenschaften verstärkt würden, so wird niemand behaupten, daß sich jene Charakterbildung mühelos und von selbst vollzieht . . .“

Hier ist also das genaue Gegenteil von dem gelehrt, was zwei Jahre später von Wundt behauptet wird; nicht darum ist das Wohl der Allgemeinheit (nach Bentham) anzustreben, weil es für das eigene Ich nützlich ist, sondern die eigene Persönlichkeit soll (nach Bentham) ethisch ausgebildet werden, weil dies für die Allgemeinheit nützlich ist.

Neben Shaftesbury und Locke nennt Wundt noch Hume und Berkeley als englische Denker, denen wir im Gegensatze zu Bentham Verehrung zollen dürfen.

Hier kann ich mich besonders kurz fassen: Hume (1711 bis 1776) wird von Bentham selbst als Vorgänger genannt; Hume lehrt, daß es einen moralischen Sinn gebe und das Sittliche bezw. Unsittliche beifällige bezw. mißfällige Gefühle errege; und weiter lehre die Beobachtung, daß es das Nützliche sei, was unser moralisches Gefallen erweckt, und zwar dasjenige Nützliche, welches die allgemeine Wohlfahrt fördert. Und so erhebt Hume den allgemeinen Nutzen zum obersten Ziele des Menschen. Hierin ganz der Vorgänger Benthams.

Und Berkeley? Daß Wundt diesem — ohne Zweifel sehr hervorragenden Denker — gerade in praktischer Hinsicht Bentham gegenüber den Vorzug gibt, muß ganz besonders Wunder nehmen. Denn so gering auch der Einfluß ist, den gerade dieser Philosoph auf Benthams Denkweise geübt hat, so neigte doch gerade er sehr zu utilitaristischen, ja „pragmatistischen" Erwägungen. So wollte er „alle Untersuchungen über Zahlen nur als ebensoviel mühevolle Spielereien (difficiles nugae) betrachten, soweit sie nicht der Praxis dienen und den Vorteil des Lebens befördern"!

In dieser Hinsicht gemahnt Berkeley (1685—1753) in bedenklicher Weise an Bacon (1561—1626). Aber selbst diesen finden wir unter den Namen, denen Wundt Verehrung zollt, und Gleiches mutet er dem ganzen deutschen Volke zu.

Nun ist es durchaus nicht meine Absicht, die Verdienste Bacons um die Fortentwicklung einer Theorie der Induktion schmälern zu wollen.

Aber wir können nicht mit Ehrfurcht zu ihm emporblicken. Wie sein eigener Landsmann Macaulay über ihn urteilt, möge man in dessen Buch „Lord Bacon" nachlesen. Will man aber noch so sehr zur Milde neigen, so bleibt der Vorwurf der Geschenkannahme in Amtssachen an ihm haften — wenn wir selbst ganz davon absehen, daß er sich gegen seinen Wohltäter, den Grafen Essex, keineswegs einwandfrei verhalten hat.

Sehen wir aber selbst davon ab, daß wohl Bentham, nicht aber Bacon, ein vollkommener Ehrenmann war, so ist es doch erstaunlich, daß Wundt die Nützlichkeitstheorie Benthams so scharf geißelt und einen Bacon verehrungswürdig findet, der das Wissen immer und immer wieder unter Hinweis auf seine Nützlichkeit anpreist.

Das Schlagwort „Wissen ist Macht" geht auf Bacon zurück. Das Ziel aller Wissenschaft ist ihm letzten Endes, die Annehmlichkeiten (commoda) der Menschen zu vermehren, die Unannehmlichkeiten zu vermindern.

„Sein bescheidenes Ziel", sagt Macaulay, „bestand darin, unvollkommenen Menschen Behagen zu verschaffen", „die Baconsche Philosophie trachtete dahin, unsere gewöhnlichen Bedürfnisse zu befriedigen". Nichts anderes habe er bezweckt, als „die Vervielfältigung der menschlichen Genüsse und die Milderung der menschlichen Leiden".[1]) Eben dies aber war das

---

[1]) Nun war Bacon ein Mann von Geist und Talent; seine Werke haben auf das philosophische Denken befruchtend gewirkt. Wir haben vielleicht Grund, seiner mit Dankbarkeit zu gedenken. Aber kein Anlaß besteht, zu ihm mit „Ehrfurcht emporzublicken".

Was seine wissenschaftlichen Verdienste anlangt, so neigt man im allgemeinen dazu, sie zu uberschätzen. Seitdem aber ein deutscher Naturforscher, der berühmte Chemiker Justus von Liebig, eine Schrift „Über Francis Bacon von Verulam und die Methode der Naturforschung" herausgegeben hat, ist die Würdigung Bacons doch vielfach auf das richtige Maß zurückgeführt worden. Ich glaube zwar, daß Liebig nicht ganz gerecht urteilt, wenn er meint, der Ruhm, den die Werke Bacons ihrem Urheber brachten, beruhte lediglich „auf dem Beifall, den ihm der große Haufe der Dilettanten spendete". Mag das, was Bacon Induktion nannte, weder die ideale induktive Verfahrungsweise darstellen, noch von ihm in ihrer Berechtigung durch Analyse dargetan worden sein, er hat jedenfalls erkannt, daß das Verfahren per enumerationem simplicem, durch einfache Aufzählung, ganz unzureichend sei und hat die beiden Methoden, die John Stuart Mill später als die Methoden des Unterschieds und der Übereinstimmung bezeichnet hat, im wesentlichen herausgearbeitet. Aber ich glaube, daß jene recht haben, die hierin sein Verdienst in der Hauptsache für erschöpft ansehen. Für die Mathematik und für die Rolle, die sie in der Naturwissenschaft zu spielen berufen ist, hatte er keinen Sinn. Und wahr bleibt, daß dieser Erneuerer der induktiven Methoden für keine der großen naturwissenschaftlichen Entdeckungen seiner Zeit auch nur das geringste Verständnis bekundete. (Ich muß mich hier begnügen, auf Liebigs Schrift zu verweisen.) Teils wußte er nichts von ihnen, teils bekämpfte er sie. Ich hebe nur eine Tatsache hervor: „während kein Astronom die Rotation der Erde und ihre Bewegung um die Sonne mehr leugnete, war es ethisch-praktische Ziel von Jeremy Bentham. Wenn nun Bacon verehrungswürdig sein soll, obgleich es ihm als theoretischem Philosophen schlechtweg besser angestanden wäre, wenn er kräftiger und häufiger, als er es getan, den Eigenwert der Wissenschaft und die Beseligung, die in der Erlangung der Erkenntnis liegt, betont hätte: wie kann Wundt einen Bentham aus eben diesem Grunde herabsetzen, der als Jurist, Ethiker, Rechtsphilosoph und Politiker keine anderen Interessen als praktische im Auge haben konnte?

Mit „Bacon, Locke, Shaftesbury, Berkeley, Hume" ist die Zahl der Vorläufer Benthams lange nicht erschöpft.

Ich habe sie herausgegriffen, weil Wundt zwischen ihnen und Bentham in seiner Rede einen Gegensatz konstruieren will, der in Wahrheit nicht besteht. Weil er hier tadelt, was er dort lobt; weil es widerspricht, Bacon „als einen der größten Utilitarier" zu preisen (II, 276) und Bentham zu schmähen.

Eingehender brauche ich über die Vorgänger Benthams hier nicht zu handeln. Müßte ich doch sonst bis auf Sokrates, Plato und Aristoteles zurückgehen. Doch erwähnen möchte ich, daß man auch Thomas von Aquino hier nennen darf, sofern er den Ausspruch tat: „finis humanae legis est utilitas hominum"; und Hutcheson (1694—1747), der das Prinzip der größten Glückseligkeitsförderung verkündet hat.

Bentham selbst nennt als Vorgänger: Locke, Helvetius, Priestley und Beccaria.

„Priestley was the first (unless it was Beccaria) who taught my lips to pronounce this sacred truth: that the greatest happiness of the greatest number is the foundation of morals and legislation." (Works X, 561.)

Aus dem Gesagten geht wohl zur Genüge die Richtigkeit meiner Behauptung hervor, daß der egoistische oder egozentrische Ausgangspunkt der Utilitätsmoral Benthams für den objektiv-philanthropischen Charakter seines obersten „selbstevidenten" praktischen Grundsatzes keinerlei Bedeutung besitzt.

Dieser subjektiv-egozentrische Ausgangspunkt ist ein logischer, aber absolut kein ethischer Mangel seiner Lehre.

Bacon, der sie bestritt". — Von der Anerkennung mancher anderer Großtaten der induktiven Forschung mochten ihn seine Eitelkeit und sein Ehrgeiz abgehalten haben.

Das hat auch Wundt noch 1912 nicht anders gelehrt: „Schon bei Hobbes“ sagt er S. 270, „spielt der Utilitarismus mit egoistischen Zweckmotiven neben der autoritativen Begründung der Sittengebote eine wichtige Rolle. Seit Locke ist dann diese Anschauung die herrschende in der englischen Moralphilosophie geblieben (!), selbst ein Hume, Bentham, Mill haben sich nicht ganz von ihr zu befreien vermocht.“

Also: Hume, Bentham, Mill haben sich zum Teil — wenn auch nicht ganz — von jener egoistischen Motivenlehre zu befreien vermocht; ihr Urheber ist Locke, zu dem Wundt mit Verehrung und Dankbarkeit emporblickt, während er Bentham verächtlich macht. [1])

Gegen ein solches Verfahren, das aller Wissenschaftlichkeit und Gerechtigkeit widerspricht, muß protestiert werden. Es geht nicht an, aus einem Manne den Sündenbock zu machen, der für die ganze Menschheit Hervorragendes geleistet hat und dessen

---

[1]) Wir lesen bei Jodl, Geschichte der Ethik, 1. Aufl., S. 444: „Bentham preist den Menschen, der sein persönliches Glück hingibt, um andere zu fördern, als Heros, als höchste Erscheinungsweise des Sittlichen, und vergißt, daß dies nach seiner eigenen Theorie eine Unmöglichkeit ist.“

Dieser Ausspruch Jodls zeugt für die logische Unmöglichkeit, von einem subjektiv-egoistischen Ausgangspunkt zum Prinzip der allgemeinen Wohlfahrt zu gelangen und gegen die logische aber für die ethische Integrität des Benthamschen Gedankenganges. Dasselbe gilt von O. Kirn, „Sittliche Lebensanschauungen der Gegenwart“, in der Sammlung „Aus Natur und Geisteswelt“ bei Teubner, Leipzig, S. 30: „Wir stehen bei dem letzten Wort dieser Moral, das uns die Ausbreitung der Lust empfiehlt, auf einem völlig anderen Boden als bei ihrem ersten Wort, das die Schätzung ihrer Intensität guthieß.“

Es läßt sich freilich auch manches anführen, was selbst den logischen Fehler weniger schwer erscheinen läßt; vor allem die Sprache, die — es wurde dies schon von anderen bemerkt — sich der Ausdrücke Lust und Unlust nicht nur bedient, um Freude und Trauer an Existierendem auszudrücken, sondern auch um ein Verlangen, Streben, Wollen kundzugeben.

Wird nun unter Lust und Gefallen nicht nur ein Gefühl, sondern auch ein Begehren verstanden, so kann natürlich niemand etwas wollen, außer worauf er Lust hat, niemand etwas wollen, außer was zu wollen ihm gefällt oder beliebt.

Ferner aber kann nicht nachdrücklich genug darauf hingewiesen werden, daß Bentham schon in seinen Principles of Moral and Legislation (Works I) das Nützlichkeitsprinzip für einen unmöglich zu beweisenden Satz erklärt hat. Unmöglich zu beweisen, weil einleuchtendes Grundprinzip. (Vgl. meine Benthamstudie S. 14.)

Werke noch lange nicht genügend ausgeschöpft sind, um die ganze Fülle ihres Segens zu entfalten.

Ich berufe mich auf Mohl, der von Bentham schreibt: „Bentham ist somit nicht bloß eine ungewöhnliche geistige Erscheinung; und nicht bloß psychologisch merkwürdig durch die höchste der Geschichte bekannte Entwicklung einer besonderen Art von Begabung, sondern er ist auch ein großer Lehrer für Leben und Wissenschaft. Sein Name ist allmählich verbreitet; allein doch für die Meisten nur durch Hörensagen. Es ist also zu wünschen und zu hoffen, daß sich die genauere Bekanntschaft mit seinen Leistungen immer noch weiter ausdehne und daß er so allmählich die Wirksamkeit finde, welche ihm im Leben und unmittelbar nach dem Tode nicht in entsprechendem Maße zuteil wurde."

Ich berufe mich ferner auf Friedrich Jodl, in dessen Geschichte der Ethik (1. Aufl., II. Halbbd., 434) wir lesen: „Das Prinzip selbst hatten andere vor Bentham gekannt und gefunden; mit ihm in die verborgensten Winkel und Gewölbe jenes Labyrinthes hineingeleuchtet zu haben, welches das erste Jahrhundert christlich-abendländischer Zivilisation über die Rechtsidee aufgetürmt hatte, das wird Benthams unvergängliches Verdienst bleiben".

Auf Wundts Ethik 1912, S. 218: „In England knüpft die Entwicklung der neueren Moraltheorien an den Empirismus und Utilitarismus der Lockeschen Schule an; sie ist aber mitbeeinflußt von den schottischen Philosophen der Vergangenheit, einem Hume und Adam Smith, und sie verstattet daher auch dem Gefühlsmoment einen gewissen Einfluß, obgleich Lockes Standpunkt der Reflexion der vorwaltende bleibt. Nur in einer Beziehung geht sie entschieden über denselben hinaus, daß sie auf das Gesamtwohl den entscheidenen Wert legt .... Indem sie unter der Gesamtheit niemals etwas anderes versteht als die Summe der Individuen, fällt in ihr auch der Begriff des Gesamtwohls mit dem Wohl aller oder der Mehrheit der einzelnen zusammen. Ihr Universalismus bewahrt also stets eine individualistische Färbung. Bahnbrechend für diese Entwicklung sind die Werke Jeremias Benthams. Wie dereinst Bacon, so sind auch bei ihm politische und juristische Gesichtspunkte vorwaltend. Er geht von vornherein davon aus, daß die Ethik auf dasselbe allgemeine Prinzip zu gründen sei wie die Gesetzgebung, wonach von selbst das Gemeinwohl in den Vordergrund des ethischen Interesses tritt.

Diesen Begriff des Gemeinwohls sucht nun Bentham begrifflich zu fixieren. Er definiert dasselbe als „das größtmögliche Wohl der größtmöglichen Zahl“ oder wie er es kürzer auch ausdrückt, als die „Maximation der Glückseligkeit“.

„Von vornherein“ also — ich habe das Wort gesperrt drucken lassen — geht Bentham von dem Gemeinwohl als oberstem Prinzip der Ethik und Politik aus. So sagt Wundt 1912. Und 1914 will er glauben machen, das „Grundaxiom“ Benthams sei gewesen: Jeder tue, was ihm selbst nützlich ist“.

Ich berufe mich auf Rudolf Eucken, Die Lebensanschauungen der großen Denker. 9. Aufl., S. 496:

„In England fand der Positivismus den Boden bereitet wie in keinem anderen Lande. Nach der Seite der Theorie wirkte dafür der Empirismus namentlich in der scharfen Ausprägung Humes, auf praktischem Gebiete vertrat die Nützlichkeitslehre (Utilitarismus) Benthams (1748—1832) eine verwandte Denkart.

Der alte Epikureismus, der nur Lust und Nutzen gelten läßt, wird hier ins Soziale gewandt, zum Ziel wird das möglichst große Glück, d. h. das subjektive Wohlbefinden der größten Zahl; alle Einrichtungen des gesellschaftlichen Zusammenlebens werden daraufhin geprüft, wieviel an Lust und an Schmerz sie bereiten. In tüchtiger und geschickter Durchführung dieses Strebens ist vieles an gemeinnützigen Einrichtungen ins Leben gerufen worden .... Im Bannkreis dieser Gedankenwelt ist John Stuart Mill (1806—1873) aufgewachsen.“

Hierbei dürfen wir voraussetzen, daß Wundt auch nicht unbekannt geblieben ist, was John Stuart Mill in seiner Abhandlung über das Nützlichkeitsprinzip geschrieben hat:

„Ich muß nochmals wiederholen, was die Angreifer des Nützlichkeitsprinzips selten anzuerkennen bereit sind: daß die Glückseligkeit, welche für den utilitarischen Moralisten den sittlichen Maßstab abgibt, nicht des Handelnden eigene Glückseligkeit, sondern die aller Mitbeteiligten ist. Um zwischen den Forderungen der eigenen Glückseligkeit und der anderer zu entscheiden, verlangt die utilitarische Moral vom Einzelnen, daß er hier ebenso unparteiisch verfahre wie ein unbeteiligter und wohlwollender Zuschauer. In der goldenen Richtschnur, die Jesus von Nazareth gegeben hat, tritt uns der Geist der utilitarischen Moral voll und ganz entgegen. Tu so, wie Du willst, daß andere Dir tun — und liebe Deinen Nächsten wie Dich selbst; diese Forderungen sprechen uns das Ideal der utilitarischen Moral aus."

Wundt stellt dem die Behauptung entgegen, die Benthamsche Moral sei die des Eigennutzes; ausschließlich eigennützige Motive geböten darnach auch fremde Interessen zu achten. Und auch dies gelte nur für die eigenen Connationalen: für den Engländer gegen Engländer. Für das Verhältnis gegenüber anderen Nationen lehre Bentham den schnödsten, rücksichtslosesten Egoismus.

Das ist durchaus unwahr. Bentham dehnt vielmehr sein Prinzip des größten Nutzens für die größtmögliche Zahl auf alle Völker und Staaten aus. Die vorliegende Übersetzung wird dies jedem zeigen.

Aber schon Friedrich Eduard Beneke[1]) hat gegen eine

---

[1]) Über den Vorwurf des Radikalismus, den man gegen Bentham erhoben hat, äußert sich Beneke in der Vorrede zum 1. Bande S. XVI in folgender Weise: „Höchst ungerechterweise ist Bentham in den Ruf eines Radikalen gekommen. Es gibt wohl kaum einen anderen, der ein so entschiedener Gegner der Grundsätze wäre, aus welchen die französische Revolution hervorgegangen ist, und so jede Gelegenheit ergriffe, dieselben in ihrer Blöße darzustellen und zu bekämpfen. Jener Ruf hat seinen Grund teils darin, daß er sich mit Eifer für eine Parlamentsreform erklärt hat, d. h. für die Abstellung von Mißbräuchen, welche mit ihm hunderttausend monarchisch oder konstitutionell Gesinnte in Europa für Mißbräuche erkennen und abgestellt wünschen, teils in der Correspondenz, die er mit dem französischen Nationalkonvente, mit den Cortes und mehreren amerikanischen Freistaaten angeknüpft hat. Aber man vergesse nicht, daß er mit unermüdlichem Enthusiasmus bestrebt, überall das Gute zu wirken, wo ihm irgend eine Aussicht dazu sich eröffnete, diese Correspondenz nur angeknüpft hat mit ihnen als mit den bestehenden Regierungen: wie er denn überall auf das nachdrücklichste hervorhebt, er wende sich mit seinen Verbesserungsvorschlägen nicht an das Volk, als woraus nur Unheil erwachsen könne, sondern an die Regierungen. Daher er denn auch ganz in gleicher Art dem Russischen Kaiser und ganz neuerlich dem Könige von Baiern seine Vorschläge zu Reformen vorgelegt hat."

In einer gründlichen Monographie über J. Bentham und Ad Smith äußert sich Friedrich Hoffmann (Schmollers Jahrbuch 1910): „Je älter Bentham wird, desto stärker legt er den Nachdruck auf die Zahl. So entwickelt sich der ursprüngliche Toryparteigänger zuletzt zum Verfechter einer radikalen Demokratie. Königtum und Aristokratie werden verworfen, vor dem Oberhaus wird gewarnt; Einkammervertretung auf Grund eines allgemeinen, gleichen und geheimen Wahlrechts, direkte Wahl aller Funktionäre solche Verzerrung Benthamscher Lehren, wie sie von Wundt geübt wird, protestiert.

„Aber auch seine Theorie hat, genauer betrachtet, nichts von der selbstsüchtigen Beschränktheit, die wir bei Hobbes,

---

durch das Volk, ist sein Ideal, das er in dem glücklichen Gemeinwesen der Vereinigten Staaten verwirklicht glaubt; die Krönung des Gebäudes bildet die durch die Demokratie gewährleistete Inaugurierung einer Epoche internationalen Friedens."

Auf diesen demokratischen Radikalismus also beziehen sich die Äußerungen Goethes in den Gesprächen mit Eckermann (Reklamausgabe S. 202 und 227): „Es ist für mich ein interessantes Problem", sagte Goethe, „wenn ich sehe, daß ein so vernünftiger, so gemäßigter und so praktischer Mann wie Dumont der Schüler und treue Verehrer dieses Herren Bentham sein konnte."

„Bentham", erwidert Eckermann, „ist gewissermaßen als eine doppelte Person zu betrachten. Ich unterscheide Bentham das Genie, das die Prinzipien ersann, die Dumont der Vergessenheit entzog, indem er sie ausarbeitete, und Bentham den leidenschaftlichen Mann, der aus übertriebenem Nützlichkeitseifer die Grenzen seiner eigenen Lehre überschritt und dadurch sowohl in der Politik als in der Religion zum Radikalen wurde."

Auch aus dem sonstigen Inhalte dieser Gespräche geht hervor, daß Goethe die innerpolitischen Reformvorschläge Benthams im Auge hatte. S. 227 spricht Goethe abermals von seinem „Freunde Bentham, diesem höchst radikalen Narren". „Mann könnte hinzufügen", bemerkt Eckermann, „daß er Ihnen noch in einem anderen Punkte — nämlich als seinem hohen Alter — gleicht, denn er arbeitet noch immer mit der ganzen Tätigkeit der Jugend."

„Das mag sein", erwiderte Goethe, „aber wir befinden uns an den beiden entgegengesetzten Enden der Kette: er will niederreißen, und ich möchte erhalten und aufbauen. In seinem Alter so radikal zu sein, ist der Gipfel aller Tollheit."

„Ich denke", entgegnete Eckermann, „man muß zwei Arten von Radikalismus unterscheiden. Der eine, um künftig aufzubauen, will vorher reine Bahn machen und alles niederreißen, während der andere sich begnügt, auf die schwachen Partien der Staatsverwaltung hinzudeuten, in Hoffnung, das Gute zu erreichen ohne die Anwendung gewaltsamer Mittel. In England geboren, würden Sie dieser letzten Art sicher nicht entgangen sein."

Man sieht, daß der Vorwurf des Radikalismus lediglich auf die innerpolitischen Reformen, die Bentham in England vorgenommen wissen wollte, sich bezieht. (Der erwähnte Dumont ist derselbe, nach dessen Ausgabe Beneke seine Übersetzung arbeitete.)

Karl Marx (S. 545 der Volksausgabe des „Kapital") dagegen tituliert Jeremias Bentham als den Urphilister und nennt ihn das „nüchterne, pedantische, schwatzlederne Orakel des gemeinen Bürgerverstandes des 19. Jahrhunderts", „das Genie der bürgerlichen Dummheit".

Dem Staatsminister Goethe ist Bentham der „radikale Narr", dem revolutionären Sozialdemokraten das „Genie der bürgerlichen Dummheit".

bei Helvetius und bei anderen Schriftstellern des vorigen Jahrhunderts finden: überall steht ihm auch in dieser (Theorie) der allgemeine Nutzen ohne Vergleich höher, als der Nutzen jedes Einzelnen und jeder kleineren Gemeinschaft; ja selbst das beschränkte Geltendmachen der Interessen eines einzelnen Volkes im Vergleiche mit dem allgemeinen Interesse der Menschheit bekämpft er mit edlem Enthusiasmus. — Es ist mir — fährt Beneke in der Anmerkung fort — daher völlig unbegreiflich, wie man hier und dort Benthams Ansichten hat ‚egoistische' Beschränktheit schuld geben können."

„Und so möge denn" — schließt Beneke seine Ausführungen — „dieses Werk, zu welchem engländische, französische und deutsche Wissenschaft zusammengearbeitet haben, mit reger Empfänglichkeit aufgenommen und verständig gewürdigt werden".

Wir haben zugegeben und es als einen logischen Fehler Benthams bezeichnet, daß er wiederholt versucht vom Eigennutz zum Gemeinnutzen eine Brücke zu schlagen. Wir haben aber auch betont, daß er neben diesem Verfahren einen anderen Weg kennt, um zu seinem obersten praktischen Prinzip zu gelangen, nämlich jenen, der von seinen Wertaxiomen unmittelbar zu ihm führt und dem Satze die größere Summe des Wertvollen ist vorzüglicher als die geringere einen apriorischen Charakter verleiht.

Übrigens wäre es verfehlt, den Gedanken einer Harmonie zwischen Eigennutzen und Gemeinnutzen schlechthin zn verdammen.

Die Mehrheit der Menschen wird ausschließlich vom Egoismus geleitet. Genuß, Macht, Ehre sind — schon Aristoteles wußte das — die treibenden Motive. Seit jeher haben sich daher die Moralphilosophen und ethischen Politiker bemüht, den Nachweis zu führen, daß der verständige Eigennutz jener ist, der zugleich gemeinnützig ist.

Sokrates rühmte sich, er habe die Athener lehren wollen, daß aus Tugend Reichtum, Wohlhabenheit (χρήματα) folge, nicht umgekehrt aus Wohlhabenheit die Tugend

Plato weist in seinen Nomoi die Gesetzgeber an, immer und immer wieder zu lehren, daß Tugend und Glückseligkeit miteinander verbunden seien. Dies ist auch seine Überzeugung. Aber meint er, wenn es selbst nicht wahr sein sollte, so müßte man mit allen Mitteln der Überredung und Täuschung diesen

Glauben der Jugeud ins Herz pflanzen! So gering war seine Meinung von der Selbstlosigkeit der Menschen.

Und in unseren Tagen hat ein Buch großes Aufsehen gemacht, das sich nichts anderes zum Ziele setzte als zu zeigen, daß jeder Krieg darum eine falsche Rechnung involviere, weil er nichts einbringt. Nur auf diese Weise hoffte Angell die Menschheit dazu zu bringen, vom Kriegführen abzulassen. Der eigene Vorteil sollte die Völker dazu bewegen, was gemeinnützige Erwägungen nicht vermocht haben und wohl lange, lange nicht vermögen werden.

Diese Idee Angells ist dem Gedanken, der uns auch in Benthams principles of international law begegnet, sehr ähnlich.

Auch Bentham bemüht sich zu zeigen, daß eben dasjenige, was im Interesse der ganzen Menschheit liegt, auch dem Eigeninteresse Englands entspricht, und er verallgemeinert diesen Gedanken zur Theorie einer Harmonie politique, wonach eine Regierung, wenn sie für das Wohl der ihr anvertrauten Nation sorgen will, nichts anderes zu tun hat, als das Wohl aller Staaten im Auge zu behalten.

Die Schrift, die wir hiermit dem deutschen Publikum vorlegen, ist geschrieben vom Standpunkte eines „Weltbürgers"; gleich die ersten Worte setzen sich „den allgemeinen gleichmäßigen Nutzen aller Nationen" zum Ziel.

Nicht also, wie Wundt will, ist der Grundsatz Benthams anderen Nationen gegenüber „Mein Land ist meine Welt", sondern „die Welt ist mein Land".

II.

Hiermit glaube ich den ersten Teil der Anklage Wundts genügend entkräftet zu haben.

Nun den zweiten! „Und noch ein anderer Satz der Lehre Jeremias Benthams", so hörten wir ihn sagen, „ist auch für die internationale Politik Englands bezeichnend. Glücksgüter zu erwerben und zu bewahren, das ist nach der Lehre des englischen Ultilitariers das verborgene oder offen eingestandene Ziel alles menschlichen Strebens. Aber welches unter mehreren Gütern man vorziehen soll, wenn die Wahl freisteht, das ist, sagt Bentham, eine schwierige Frage, die sich mit einiger Sicherheit nur entscheiden läßt, wenn man das allgemeine Tauschmittel der Güter, das Geld zum Maßstabe nimmt. Das Gut, das mehr Geld kostet, ist das höhere Gut".

Das ist eine gröbliche Entstellung der Lehre Benthams.

Wir möchten gern auch hier noch an die bona fides Wundts glauben. Der ganze Satz ist aber so gezimmert, daß jeder Leser meinen muß, Bentham habe gelehrt, daß der Wert der Güter durch das Geld bestimmt werde, das sie kosten und daß er überhaupt nur solche Güter kennt, die „Glücksgüter" im Sinne von materiellem Reichtum sind. Denn nur für solche hat die Schätzung nach ihrem Geldwert einen Sinn, nur von diesen sagt man, sie würden „erworben" und „bewahrt". Von alledem ist kein Wort wahr; das Gegenteil ist richtig.

Unter „Nützlichkeit" versteht Bentham — nach seiner ausdrücklichen Definition — die Eigenschaft eines Objekts Freude oder Lust oder Glückseligkeit zu fördern und das Gegenteil — Trauer, Schmerz, Unheil zu vermindern.

Und zwar — ebenfalls nach ausdrücklicher Hervorhebung Benthams — meaning with respect to the community at large! Also im Hinblick auf die Gesamtheit.

Nützlich sind nicht nur Dinge — insbesondere nicht nur Reichtum — sondern vor allem auch die Menschen selbst und ihre Handlungen.

Nennen wir Lust ein primäres Gut, Schmerz ein primäres Übel, so ist nützlich alles, was ein primäres Gut mitbedingt oder verursacht, bezw. ein primäres Übel hinanhält.

Welches unter mehreren Gütern man vorziehen soll, seien es primäre Güter oder Nützlichkeiten, das bestimmt sich nach Bentham einzig und allein nach seinen sieben, oben angeführten Wertaxiomen, die alle auf das Prinzip der Sumierung hinauslaufen; was die intensivere Freude herbeiführt, was eine dauerndere Lust erzeugt, was sie mit größerer Wahrscheinlichkeit zu fördern verspricht, was sie in kürzerer Zeit zutage fördert, was seine günstige Wirkung auf eine größere Zahl von Personen erstreckt, was in bezug auf seine Nachwirkungen fruchtbarer ist, das ist, „wenn die Wahl freisteht", die zu wählende Nützlichkeit und dies, wie leicht ersichtlich, eben deswegen, weil stets die größere Summe von Werten vorzüglicher ist als die geringere und weil selbst die Intensität und Wahrscheinlichkeit auf einen Summierungsprozess zurückführbar ist.

Diese Regeln mögen unvollständig und unvollkommen sein; aber sie lassen über die wahre Meinung Benthams keinen Zweifel. Der materielle Reichtum ist ihm nur insofern wünschenswert, als er zur Wertsummierung, das ist zur Steigerung der Glückseligkeit, beiträgt.

Bentham weiß nun sehr genau, daß der materielle Reichtum höchst wichtig ist, aber ebensogut weiß und lehrt er, daß die primären Werte, das ist nach ihm das Glück, die Freuden und die Freiheit von Leid nicht einzig von ihm abhängen; insbesondere nicht bloß vom Geldbesitz. Und Wundt wußte noch 1912 sehr wohl, daß dies Bentham wußte und lehrte.

Ich habe oben das „Benthamsche Gesetz" erwähnt, wonach das Wachstum des Glückes nicht gleichen Schritt hält mit dem „Wachstum an sogenannten Glücksgütern".

Seite 220 seiner Ethik (3. Aufl.) berichtet Wundt: „Bentham deduziert allgemeiner, aber unbestimmter (als Bernouilli) jedem Quantum Reichtum entspreche ein Quantum Glück, von zwei Individuen mit ungleichem Besitz sei daher unter sonst gleichen Bedingungen der Reichere jedenfalls der Glücklichere; doch der Überschuß des Reichen an Glück sei nicht so groß wie sein Überschuß an Reichtum".

Man beachte: „Unter sonst gleichen Bedingungen"! Daraus folgt, daß das Glück noch von anderen Bedingungen abhängig sein müsse als von dem Reichtum; ferner: das Glück wächst nicht direkt proportionell dem Reichtum, hält nicht gleichen Schritt mit diesem.

Kann also die Lehre Benthams die gewesen sein, daß es das Ziel alles menschlichen Strebens sei, „Glücksgüter zu erwerben und zu bewahren"?

Ich antworte mit Wundt 1912: „Je mehr sich daher das Verhältnis des Besitztums der Bürger eines Gemeinwesens der Gleichheit nähere, desto größer sei die Summe der Glückseligkeit".

Also ganz im Gegensatze zu Wundt 1914: es ist ethisch-politische Forderung Benthams, daß der Einzelne zugunsten der Allgemeinheit auf wirtschaftliche Vorteile zu verzichten habe! Und schon in meiner Benthamstudie konnte ich daher darauf verweisen, daß Bentham weder ein radikaler Anhänger des laissez faire laissez aller war, noch sonst Manchesterlicher Anschauungen beschuldigt werden könne.[1])

Daß nun gar endlich das Geld — nach Bentham — über die Vorzüglichkeit der Güter zu entscheiden habe, ist das non plus ultra der Verkehrtheit.

Warnt doch im Gegenteil Bentham vor maßloser Anhäufung von Verwertbarkeiten in einer Hand, sie ist für das Allgemeinwohl schädlich. Gilt das schon vom Besitze an Grund und Boden, Produktions- und Handelsgütern, so gilt das selbstverständlich auch vom Gelde.

Ferner, sind die Verwertbarkeiten als Güter zweiter Ordnung sekundäre Werte, so ist das Geld sozusagen ein tertiäres Gut. Denn zumeist tauscht man dafür erst Güter zweiter Ordnung, das ist unmittelbar Verwertbares, ein. Bentham warnt davor, Reichtum mit Geldbesitz zu verwechseln. („Increase of money in a nation, not increase of wealth" III, 69.) Wie konnte auch ein Anhänger von Adam Smith anders lehren!

Der Satz Wundts, „Glücksgüter zu erwerben und zu bewahren ist nach der Lehre des englischen Utilitariers das verborgene oder offen eingestandene Ziel alles menschlichen Strebens" ist falsch, wenn man unter „Glücksgüter" Geldbesitz versteht; er ist falsch, wenn man darunter überhaupt den eigenen wirtschaftlichen Vorteil des Einzelnen versteht: also „Reichtum an Besitz irgendwelcher verwertbarer Gegenstände".

Er ist aber auch falsch, wenn man darunter lediglich die eigene Lust und Freude, die eigene Freiheit von Schmerz und Trauer versteht, wenn man ihn also im Sinne des rücksichtslosen Eigennutzes nimmt. Er wird erst dann richtig, wenn man darunter das Glück der Allgemeinheit — in welchem das eigene

---

[1]) Die Beschuldigung, Bentham sei ein Verkünder des sogenannten Manchestertums gewesen, geht wohl vorzugsweise auf Marx zurück. Vgl. aber Hoffmann l. c.: „Glück und Reichtum mehren sich nicht proportional. Ausgleichend soll der Staat eingreifen." Vor Hoffmann habe ich in meiner Benthamstudie 1901 auf die Ungerechtigkeit der herrschenden Meinung hingewiesen. Der Nationalökonom Diehl schrieb daraufhin in einer Rezension meines Buches (Jahrbücher für Nationalökonomie und Statistik, Bd. 29): „Richtig und durchaus zutreffend ist aber der Nachweis des Verfassers, daß Bentham durchaus nicht so ‚manchesterlich' war, wie er oft geschildert wird; daß er vielmehr für zahlreiche sozialreformatorische Postulate eintrat."

freilich als Summand eingeschlossen ist — versteht. Und auch die „Allgemeinheit“ muß im allerweitesten Sinne genommen werden und die Bewohner des ganzen Erdballs umfassen, um Bentham gerecht zu werden. Er ist also nur dann wahr, wenn man den Sinn, den Wundt ihm beilegt, ins Gegenteil verkehrt.

Bentham also kann für die ausbeuterische, eigensüchtige, monopolistische Politik der englischen Regierung und der an dieser Politik interessierten Kreise nicht verantwortlich gemacht werden. Sein greatest happiness principle ist allem entgegen, was von dieser verbrochen wurde. Das wird auch die vorliegende Abhandlung Benthams jedem zeigen, der die Wahrheit hören will.

Und Wundt selbst hat in seiner Ethik 1912 darauf hingewiesen, daß eine der wichtigsten Maximen der Benthamschen Politik gewesen ist, „unter Schonung der Rechtssicherheit“ auf Gleichheit, d. h. auf eine gleichmäßige Verteilung des Geld- und Güterbesitzes hinzuwirken. Eine solche gleichmäßige Verteilung des Reichtums hielt er selbstredend schlechthin nicht nur in England für erwünscht; denn er erstrebte den größtmöglichen Nutzen aller Menschen.

Wir haben gezeigt, daß sämtliche Angriffe, die Wundt in seiner Kriegsrede gegen Bentham richtet, null und nichtig sind. Wir konnten uns bei ihrer Widerlegung auf die Ausführungen stützen, die sich in Wundts Ethik 1912 vorfinden.

Besonders konnten wir zeigen, daß Wundt sehr wohl weiß oder noch 1912 wußte, daß Benthams oberster Grundsatz jener der Extension des Glückes auf eine möglichst große Zahl von lebenden Wesen gewesen ist.

Während nun Wundt in seiner Rede gegen Bentham die Beschuldigung erhebt, daß Bentham diesen Grundsatz nicht rückhaltlos vertreten habe und insbesondere nicht auf alle Nationen ausgedehnt habe, tadelt er in dem genannten Werke Bentham eben deswegen, weil er das „extensive Glücksmaximum“ gepredigt hat!

Auf S. 280 lesen wir: „Niemand wird bestreiten, daß es allgemeine Motive gibt, die den Menschen veranlassen können, humanen Zwecken sich und seine Nächsten zu opfern. Aber daß der Kalkül des extensiven Glücksmaximums einen solchen Zauber jemals ausgeübt hat oder ausüben wird, ist wenig wahrscheinlich." (Die Sperrung des Druckes ist von mir angeordnet.)

Wundt also — und nicht Bentham — setzt in die menschliche Natur ein so geringes Vertrauen, daß er es für ausgeschlossen hält, „der Kalkül des extensiven Glücksmaximums" könne die Menschen jemals zu opferwilligem Tun bestimmen, und er, nicht aber Bentham, verwirft aus diesem Grunde das Prinzip der universellen Glückssummierung.

Und auf S. 283 faßt er seine Bedenken gegen den Utilitarismus in folgenden angeblich entscheidenden Einwurf zusammen: Es löse sich ihm „jedes anscheinend allgemeine Gut in eine Summe getrennter Einzelgüter auf, deren jedes in irgendeinem individuellen Wohlbefinden sinnlicher oder geistiger Art besteht". „Daß eine Summe individuell zersplitterter Glückseligkeiten, die dem einzelnen Bewußtsein immer nur als abstrakter Begriff gegeben ist, kein Gut sei, für das sich ein menschliches Herz zu erwärmen, und das auf menschliches Handeln als Motiv zu wirken vermöge, wurde schon oben bemerkt."

Dieser Satz gibt einen seltsamen Einblick in die Denkweise seines Autors. Er kann es durchaus nicht begreifen, daß sich ein menschliches Herz für eine Summe „individuell zersplitterter Glückseligkeiten" erwärmen könne!?

Schon in der 1. Auflage dieser „Ethik" 1886 findet man diese und die anderen sonderbaren Sätze, die, wie es scheint, im Laufe von 19 Jahren dem berühmten Verfasser keine Skrupel verursacht haben.

Wundt fragt nämlich weiter: „Ist denn eine solche Summe zerstreuter individueller Glücksgefühle ein Zweck, dessen objektiver Wert groß genug ist, um das Opfer zu lohnen, das die sittliche Norm verlangt?"

Da selbst Wundt zugeben wird, daß Glücksgefühle verschiedener Personen nicht anders existieren können als auf verschiedene Personen „verstreut", und auch noch kein Verfahren erfunden wurde, um sie etwa vermittels einer Sammellinse in einem Brennpunkte zu vereinigen, so bezweifelt er hier schlechterdings die ethische Berechtigung der Aufopferung des eigenen Glückes für das Glück einer noch so großen Menge von Individuen!

Wenn es daher ebenso wahr wäre, als es unwahr ist, daß Bentham nicht das größtmögliche Glück der ganzen Menschheit gelehrt hätte, so müßte Wundt ihn dafür loben, während er ihn in doppeltem Widerspruch zu sich selbst dafür tadelt. Ich sage in doppeltem Widerspruch; denn erstens leugnet Wundt, daß Bentham das Wohl der ganzen Menschheit im Auge hatte, im Gegensatz zu seinen eigenen Referaten, und zweitens tut er in der Rede so, als ob der Mangel der Rücksichtnahme auf das Glück und Wohl der Nichtengländer eine sittliche Schuld wäre, während er in der Ethik bestreitet, daß das Glück von Einzelwesen, seien es auch noch so viele, ein Zweck sei, dessen Wert das Opfer lohnt, das die sittliche Norm verlangt.

Ich sage „bestreitet"; denn Wundt fährt fort: „Dem Utilitarier besteht die Menschheit aus den einzelnen Menschen, die Gesellschaft aus ihren einzelnen Mitgliedern. Wie das Ganze nur um der Individuen willen da ist, so verfolgen diese, wenn sie Pflichtleistungen für das Ganze vollbringen, schließlich doch nur individuelle Zwecke. Das Individuum ist ja das einzig Wirkliche in diesem System, und jedes Individuum ist wieder in bezug auf seine Fähigkeit, Glück und Schmerz zu empfinden, eine Wiederholung des anderen. Worin aber soll der besondere Wert dieser Wiederholung der nämlichen Lustgefühle in möglichst vielen voneinander getrennten Individuen bestehen?"

Eine sonderbare Frage. Ich kann mir denken, daß jemand der Ansicht des Antisthenes ist, der von sich sagte: „Ich möchte lieber rasen als genießen." Mit anderen Worten, es ist denkbar, daß jemand schlechthin bestreitet, daß Lust, Freude, Genuß, Annehmlichkeit überhaupt zu den Werten zählen. Dann ist es selbstverständlich, daß, wenn die Freude, die der A empfindet, kein Wert ist, auch durch Hinzukommen eines zweiten sich freuenden Individuums kein Mehrwert entsteht.

Und ebenso: ist der Schmerz kein Übel, so ist auch die Vervielfältigung des Schmerzes, der Trauer, des Elends, der Verzweiflung, kein höheres Übel. Ob ein Mensch oder ob eine Milliarde von Menschen in Schmerz und Trauer lebt, ist dann gleichgiltig.

Will Wundt leugnen, daß es Freuden gibt, die Güter oder Werte sind, und Schmerzen, die mit Recht als Unwerte oder Übel gelten? Im III. Bande findet sich in dem Text eine Stelle „die jedes individuelle Lustgefühl" für wertlos erklärt: wir werden gleich darauf zurückkommen. Dann bleibt aber unverständlich, warum Wundt das nicht schon hier im II. Bande ausspricht, sondern auf folgende Art gegen das Summierungsprinzip argumentiert: „Wenn zwei Wesen in allen ihren Eigenschaften übereinstimmten, so würden sie, wie Leibnitz bemerkt hat, vermöge des ‚principium indiscernibilium' überhaupt nur ein Wesen sein. Ist nun etwa, im Widerspruch mit diesem Ausspruch, ein Lustaffekt tausendmal individualisiert, tausendmal mehr wert, als wenn dies nur einmal geschieht?"

Das „principium indiscernibilium" hat Leibnitz dahin formuliert, daß es in der Natur nicht zwei Dinge geben könne, die ununterscheidbar wären oder die sich nicht durch irgend etwas voneinander unterscheiden.

Da es nun keine anderen Lustaffekte geben kann als individualisierte — oder will Wundt auch das bestreiten? — so unterscheiden sich zwei in verschiedenen Individuen individualisierte Lustaffekte, wenn schon durch nichts anderes, so eben durch die Substanz, in der sie realisiert sind.

Ein Lustaffekt, tausendmal individualisiert, ergibt tausend individuell verschiedene Lustaffekte, tausend sich freuende Menschen gegenüber einem sich freuenden Menschen; und wie es ceteris paribus besser ist wenn zwei Menschen sich freuen als wenn ein Mensch sich freut, so gilt dasselbe von drei sich Freuenden gegenüber zwei, und so fort. Die Vorzüglichkeit, die Wertgröße wächst proportional der Zahl der „individualisierten" Freuden.

Die Vervielfältigung von primären Werten ergibt Vorzüglicheres; dieses Wertaxion ist schon von Aristoteles in der nikomachischen Ethik und anderwärts (Topik) ausgesprochen und ist bisher niemals bestritten worden. Daß es dem principium indiscerniblium widerstreite, ist eine geradezu widersinnige, lächerliche Behauptung.

Es hätte einen Sinn, wenn Wundt die Frage aufgeworfen hätte, wieso die Summierung der Lustaffekte in einer und derselben Person eine Wertsteigerung ergeben soll, da hier das Individuum, in welchem die Lustaffekte sich abspielen, dasselbe bleibt. Allein auch hier wird niemand zweifeln, daß — selbst wenn die beiden Lustaffekte sich nicht einmal zeitlich unterscheiden — sie dennoch voneinander irgendwie verschieden sind und ceteris paribus besser sind als einer.

Fragt also Wundt: „worin soll der besondere Wert dieser Wiederholung der nämlichen Lustgefühle in möglichst vielen voneinander getrennten Individuen bestehen?“, so antworte ich: „in nichts anderem als eben in dieser Wiederholung.“ Mehr Wert begründet Mehrwert, d. h. Vorzüglichkeit. Genau so, wie der besondere Unwert der Wiederholung der nämlichen Schmerzaffekte in möglichst vielen voneinander getrennten Individuen in der Vervielfältigung besteht.

Und wie seltsam, daß Leibniz nicht selbst erkannt hat, daß sein principium indiscernibilium solche Dienste für die Werttheorie zu leisten vermag.

In seiner Theodizee sinnt er auf ein Mittel, um die Güte Gottes bestehen lassen zu können unbeschadet der Lehre, daß die Zahl der zu ewiger Höllenstrafe verdammten Erdbewohner unvergleichlich größer sein wird als die der Geretteten.

Er greift zu der Idee, es sei die Erde nur ein „unvergleichlich Geringeres als ein physischer Punkt“ im Vergleich zum bewohnten Universum und verliere sich beinahe in nichts, während der ungeheuere Raum bezw. die ihn erfüllenden Welten „mit Glück und Glückseligkeit“ angefüllt sein können (I B § 19).

Wieso kam es, daß er hier nicht zu seinem principium indiscernibilium gegriffen und gesagt hat: es widerstreitet diesem meinem Prinzip, daß eine Qual tausendmal individualisiert tausendmal mehr übel (unwert) ist, als wenn dies nur einmal geschieht. Ob Milliarden zur ewigen Qual verdammt sind oder nur einer, ist gleichgültig!?

Warum hält er es für nötig, eine überschwängliche Fülle seliger Wesen im übrigen Universum anzunehmen? Sieht er denn nicht ein, daß es dem principium indiscernibilium widerspräche, wenn die Existenz tausend Beglückter eine proportionale Wertsteigerung zur Folge hätte gegenüber der Existenz nur eines Glücklichen?

Warum lehrt er in ebenderselben Theodizee (I B § 119) „Die Glückseligkeit aller vernünftigen Geschöpfe ist einer der Zwecke, auf die Gott abzielt“?

Ich muß den Leser um Entschuldigung bitten, daß ich bei einer derartigen offenkundigen Absurdität, wie der Leugnung des 5. Benthamschen Axioms, verweile.

Aber man muß bedenken, daß Wundt in weiten Kreisen Autorität zugesprochen wird, daß seine „Ethik“ dem Publikum in der 4. Auflage vorliegt und er ungescheut und ungerügt dergleichen gemeinschädliche Widersinnigkeiten vortragen darf.

Auch bitte ich zu beachten, daß ich durchaus nicht den einseitigen Hedonismus Benthams billige, also seine Lehre, daß nur die Lust ein Gut, nur der Schmerz ein Übel ist. In meiner Benthamstudie habe ich diesen Teil der Benthamschen Lehre eingehend kritisiert, und wir werden gleich darauf zurückkommen.

Was ich hier verteidige ist lediglich der Gedanke, daß auch die Freude oder die Lust, sowohl die sinnlichen als auch insbesondere gewisse unsinnliche Freuden zu den Gütern zählen, und der Schmerz, inbesondere der sinnliche, wie auch gewisse geistige Betrübnisse zu den Übeln, und daß das Summierungsprinzip (das 5. Benthamsche Axiom) von diesen Werten und Übeln, wie von allen Werten und Übeln, gilt.

Dagegen ist ein Mangel der Benthamschen Lehre, daß ihre Gütertafel ausschließlich Lust und Unlust berücksichtigt, nur diese als primäre Werte bezw. Unwerte aufzählt und andere Güter, wie z. B. die Erkenntnis, die berechtigten Akte des Begehrens und Vorziehens, Vorstellungsreichtum nicht um ihrer selbst willen wertet.

Der einseitige Hedonismus Benthams ist zu verwerfen; sein Summierungsprinzip, wie auch die meisten übrigen seiner Wertaxiome, die übrigens, genauer besehen, sich auf das Summierungsprinzip reduzieren lassen, sind zu billigen.

Ich hob unter den Werten die Erkenntnis hervor. Selbstverständlich ist also das Summierungsprinzip auf sie auszudehnen; je mehr Wissen, Erkenntnis, Einsicht in der Welt verbreitet ist, deso besser. Immer mit dem Zusatz „ceteris paribus“ und „an und für sich betrachtet“.

Wundt scheint auch dies zu leugnen. Denn an ebenderselben Stelle, wo er die Vorzüglichkeit der Lustsummierung bestreitet, sagt er: „Der Wert eines mathematischen Lehrsatzes gewinnt nichts dadurch, daß man ihn unzähligemal nacheinander demonstriert.“ Welchen Sinn hat dieser Ausspruch? Ist unter „Lehrsatz“ die betreffende Wahrheit gemeint? also das, was Leibniz eine „ewige Wahrheit“ genannt hat? Etwa also der pythagoräische Lehrsatz? Dieser aber — wenn man überhaupt ewige Wahrheiten gelten läßt — existiert nur einmal und kann durch Demonstration nicht vermehrt werden. Versteht aber Wundt unter „Demonstration“ die sprachliche Darlegung des Beweises zu Belehrungszwecken, so ist, wenn die Belehrung gelungen, mit der einmaligen Demonstration der Zweck erfüllt, und die immerwährende Wiederholung wäre völlig wertlos im Sinne von nutzlos, da der einmal Belehrte nun ohne Hilfe den einsichtigen Denkakt vollziehen kann, so oft er will.

Dagegen stehe ich nicht an zu behaupten, daß, so oft derselbe Lehrsatz gedacht wird, mit jedem dieser einsichtigen Denkakte ein Wertvolles realisiert wird, und daß auch hier die Summe besser ist als der Summand.

Ganz besonders gilt dies, wenn ein solcher Lehrsatz von einer immer zunehmenden Menge von Individuen erkannt wird. Verbreitung der Erkenntnis (und in diesem Sinne der Wahrheit) gilt mit Recht allgemein als etwas Wünschenswertes.

Gerade das, was Wundt irreführend eine „Zersplitterung“ nennt, ist also ganz besonders wünschenswert. Vervielfältigung des gleichen Gutes in Vielen ist besser als gleiche Vervielfältigung in Einem.

Freilich: wenn unter Glück bloß Lust und Freiheit von Schmerz verstanden wird, so ist der „Kalkul des extensiven Glücksmaximums“ nicht genügend. Es müssen die anderen Werte und ihre Abstufungen berücksichtigt und in die Gütertafel aufgenommen werden.

Geschieht das, so ist das Prinzip der Extension berechtigt.

Bentham hat das nicht getan, und das war ein großer Fehler. Allerdings hat er neben der sinnlichen Lust auch unsinnliche Freuden anerkannt,[1]) und durch die Mannigfaltigkeit

---

[1]) Das Staatslexikon der Görresgesellschaft 1908, Artikel Bentham, gibt zu, daß Bentham den eigentlich sittlichen höheren Glückseligkeitsbegriff von dem rein sinnlichen Genuß hie und da scheidet. Auch sonst bemüht sich dieser vom katholischen Standpunkte geschriebene Artikel Bentham gerecht zu werden. Es ist ihm aber nicht immer gelungen. So ist es seltsam und widersprechend, wenn es einerseits heißt: „die Begriffe Freiheit und Willkür decken sich ihm vollständig“ und andererseits „er begeistert sich für Kodifizierung der bestehenden Gesetze“. Daß Bentham die Einschränkung der Freiheit, auf welcher das soziale Zusammenleben beruht, als ein Übel

der Gegenstände, an denen man Freude empfinden kann, wird der Fehler einigermaßen paralysiert; auch darf man nicht vergessen, daß für die sozialpolitischen Maßnahmen, die Bentham vorzugsweise im Auge hatte, sein Prinzip meistens ausreichte. Es galt Schmerz, Not, Elend materieller Art in den weitesten Kreisen zu lindern, also zunächst die „Minimation" der Leiden anzustreben, möglichst vielen das Existenzminimum zu sichern, auch ein Existenzminimum an Freuden. Es wäre schon sehr viel geschehen, wenn die Staats- und Weltpolitik dieses Ziel auch nur halbwegs anstreben möchte.

Es ist also zur Korrektur Benthams nötig, sich über das ganze Gebiet der primären Werte klar zu werden und einzusehen, daß wir vermöge gewisser als richtig oder recht charakterisierter Akte des Liebens und Vorziehens noch andere Güter als die Lust und noch andere Vorzüglichkeiten als die Lustsummierung zu erfassen vermögen.

Franz Brentano hat dies in seinem Buche „Vom Ursprung sittlicher Erkenntnis" geleistet, und Anton Marty und u. a. auch ich haben auf diesem Boden weitergebaut.

Als Fazit der bisherigen Forschung wird bestätigt, daß die Gütertafel — was ja schon von Plato und Aristoteles behauptet wurde — eine viel reichere ist, als der Hedonist wähnt. In allen drei Gattungen psychischer Tätigkeiten: im Vorstellen, Urteilen und Interessenehmen gibt es eigentümliche Güter und Übel und Vorzüge.

Man wird ferner dem hedonistischen Summierungsprinzip gegenüber daran erinnern müssen, daß zwar immer die größere Summe des Guten vorzüglicher ist als die geringere, daß es aber

---

im Sinne eines persönlichen Verzichtes bezeichnet, ist wahr, aber der Gedanke selbst ist auch nicht unrichtig; die Freiheitsbeschränkung, die jedem von uns auferlegt wird, ist eben nur etwas, was wegen der überwiegenden Vorteilhaftigkeit für die Steigerung des sozialen Wertverwirklichungsbetriebes als Opfer verlangt wird. Und dieser Gedanke liegt denn auch allen Ideen vom Staatsvertrage zugrunde.

Vgl. auch O. Kirn, Sittliche Lebensanschauungen der Gegenwart: „Dabei soll indessen die Lust nicht bloß als sinnliche Befriedigung verstanden werden, sondern auch die geistige mit umfassen. Gewiß ein anerkennenswerter Satz, der Bentham über den ethischen Materialismus hinaushebt." Das Bemühen dieser auf positiv-gläubigem Boden stehenden Autoren, Bentham gerecht zu werden, ist umso anerkennenswerter, als B. in kirchlicher Beziehung wirklich zu den Radikalen zählte.

auch Vorzüge geben kann, die nicht eine Funktion der Quantität sondern der Qualität sind.

Nicht jeder „Mehrwert“ ist in dem Sinne mehr wert, daß er an ein mathematisches „Mehr“ gebunden ist.

Der Benthamsche Summierungsgedanke ist nicht erschöpfend.

Auf die Frage: was soll der Mensch wollen? antwortet Bentham: was unter Berücksichtigung von Intensität, Dauer, Chance, zeitliche Ferne, Extension und Folgen ein Lustmaximum in die Welt zu bringen verspricht.

Wir müssen das „Lustmaximum“ durch „Wertmaximum“ ersetzen; damit entfällt der einseitig hedonistische Zug der Benthamschen Lehre; die Lust ist unter den Werten mitinbegriffen, aber sie ist nicht der einzige und nicht der vorzüglichste.

Welche Werte im Einzelfall anzustreben sind, das ist quaestio facti; das kann nicht durch das oberste praktische Prinzip ein für allemal entschieden werden.

Wir können eine Tafel der Eigenwerte und Übel aufstellen und ebenso eine Tafel, die über Rangordnungsfragen, über Vorzüge bis zu einem gewissen Grade Aufschluß gibt. Hierher gehören die sieben Benthamschen Axiome, entsprechend verbessert und erweitert. Wir haben oben daran gerührt. An anderer Stelle ist hiervon ausführlicher von uns und anderen gehandelt worden.[1])

III.

Aus diesen Betrachtungen ergibt sich vor allem der objektive oder absolute Charakter des Guten oder Wertvollen. „Lustempfindung ist gut“, „Schmerzempfindung ist schlecht“, „Erkenntnis ist gut“, „Irrtum ist ein Übel“, d. h. in welchem

---

[1]) Ich verweise besonders auf nachstehende Schriften: Franz Brentano, Vom Ursprung sittlicher Erkenntnis, Leipzig 1889. Dasselbe in englischer Übersetzung 'The Origin of the Knowledge of Right and Wrong', Westminster 1902 (mit einer Biographie und einigen Zusätzen). — Oskar Kraus, Zur Theorie des Wertes, Halle 1901. — Anton Marty, Untersuchungen zur Grundlegung der allgemeinen Grammatik und Sprachphilosophie, Halle 1908 (besonders S. 427 ff.) — Oskar Kraus, Das Recht zu strafen, Stuttgart 1911. Derselbe in Jahrbücher der Philosophie, II, Berlin 1914, woselbst eine gedrängte Darlegung der „Grundlagen der Werttheorie“ im Rahmen einer kritischen Literaturübersicht geboten wird.

Individuum immer sich ein derartiger psychischer Akt realisiert, begründet er einen Wert bezw. ein Übel, d. h. ist es recht, wenn er geliebt bezw. gehaßt wird.

Und analoges gilt von den Vorzügen.

Die Moral hat weder einen egoistischen noch einen altruistischen Ausgangspunkt; sie ist objektiv. Jedes Individuum als solches gilt gleich viel. Eine Erkenntnis ist, an und für sich betrachtet, weder darum besser noch schlechter, weil sie in mir oder weil sie in einem anderen verwirklicht ist. Das gleiche gilt von den Freuden und Leiden und den anderen psychischen Werten.

Und das hat Bentham ebenfalls gelehrt, indem er nicht ausschließlich das eigene Glück, sondern das Glück der größtmöglichen Zahl anzustreben lehrte.

Als Individuum gehe ich in den moralischen Kalkul ein; als Einheit. Es wäre ethisch unrichtig, wollte ich die eigene Person ausschalten.

Ohnedies steht hier eine Einheit gegen eine unermeßliche Vielheit, besonders, da ja nicht nur die gegenwärtige, sondern auch die künftige Lebewelt in den Bereich des praktisch Guten gehören kann. Gelegenheit genug, um Opferwilligkeit und Altruismus zu betätigen.

Es ist unmöglich zu sagen: „nur die fremde Seele ist mein Wertverwirklichungsgebiet, die eigene scheidet für mich aus; es ist Sache der anderen Seelen, sich um meine zu kümmern, und meine Sache, mich der anderen anzunehmen."

Gefehlt! Es liegt im Interesse der Wertsummierung, daß ich mich zuerst um mich selbst kümmere; Wissen ist Macht; und von mir selbst habe ich das bessere Wissen, und über mich habe ich auch die größere Macht.

Und dies gilt, mag es sich um mein sinnliches oder sittliches, mein körperliches oder geistiges Wohl, um meine Glückseligkeit oder Vollkommenheit handeln.

Hier hat die Kantsche Philosophie verwirrend gewirkt.

Was ein jeder unvermeidlich schon von selbst will, das gehört — nach Kant — nicht unter den Begriff der Pflicht. Er meint weiter, es widerspreche sich zu sagen: man sei verpflichtet, seine eigene Glückseligkeit mit allen Kräften zu fördern.

Allein der Begriff der „Pflicht" ist kein anderer als der des „emotionell Richtigen". Wer z. B. die Erkenntnis oder edle

Freuden liebt, der liebt richtig; und man kann ebensogut sagen, es sei Pflicht, die Erkenntnis zu werten oder zu lieben; ebenso ist es Pflicht, d. h. richtig, die größere Summe des Guten vorzuziehen der geringeren.

Die Ausdrücke: Pflicht, Soll, Norm, Gebot, recht, richtig können ganz synonym gebraucht werden.

Neben derartigen simplen Wertungspflichten gibt es auch praktische Pflichten; das heißt, es ist je nach Umständen richtig, recht, geboten, Norm, Regel, dieses oder jenes Gut zu wollen oder praktisch diesem oder jenem vorzuziehen.

So ist es gewiß unter Umständen geboten, d. h. richtig oder pflichtgemäß, den eigenen Genuß, die eigene Lust anzustreben.

Der Umstand, daß „jeder dies unvermeidlich schon von selbst will“, ist keine Gegeninstanz. Es kann auch etwas Pflicht sein, dessen Realisierung die Natur selbst zu garantieren pflegt:

Einstweilen, bis den Bau der Welt
Philosophie zusammenhält,
Erhält sie das Getriebe
Durch Hunger und durch Liebe.

Ist es also auch unter Umständen sittlich berechtigt, wenn ich mir Vergnügen bereite, und wenn ich Schmerzen vermeide, so ist doch wahr, daß ich dafür nicht zu loben bin, und daß dies kein Verdienst ist.

Man darf aber „verdienstlich“ und „lobenswürdig“ einerseits nicht verwechseln mit „sittlich berechtigt“, „pflichtgemäß“ andererseits.

Neigung und Pflicht brauchen gar nicht in Widerstreit zu stehen. Das Ideal ist sogar, daß sie es nicht sind. Für Gott gibt es keine Versuchung und kein Verdienst. Kraft seiner Natur will er unter allen Umständen und von Ewigkeit zu Ewigkeit das, was zu wollen richtig oder Pflicht ist, nämlich das Beste.

Nach Kant ist es meine Pflicht, fremde Glückseligkeit zu wollen, aber nicht meine Pflicht, die eigene Glückseligkeit anzustreben. Er verwechselt Verdienst und Pflicht.

Es ist wahr, es braucht meistens nicht einer Vorschrift und einer Lob- oder Lohnsanktion für die Erfüllung der Pflichten gegen sich selbst, sofern diese von der Natur unterstützt werden. Unter Umständen aber bedarf es solcher doch. Die Instinkte versagen unter Umständen oder verkehren sich in das Gegenteil. Es treten Tendenzen zu Selbstquälereien auf. Die Pflicht, auf sein eigenes Wohl bedacht zu sein, äußert sich in der Pflicht, diese Tendenzen zu bekämpfen.

Nach Kant soll es auch ein Widerspruch sein, eines anderen Vollkommenheit sich zum Zwecke zu machen, dagegen kein Widerspruch, seine eigene Vollkommenheit anzustreben. Letzteres sei Pflicht.

Hier ist die Willkür der Thesen mit Händen zu greifen.

Es kann unter Umständen durchaus Pflicht sein, eines anderen Vollkommenheit anzustreben. Es ist nicht wahr, daß kein anderer dem nach Vollkommenheit Ringenden zu Hilfe kommen kann. Man kann es durch Belehrung; man tut es durch Aufklärung über seine Pflichten, durch Beispiel, Abhaltung, Strafen usw. Ja, man kann ihm diese Pflicht durch Aufklärung erst zum Bewußtsein bringen. Unrichtig also ist sowohl die Behauptung, daß eigene Glückseligkeit nicht Gegenstand meiner Pflicht sein, als auch insbesondere, daß fremde Vollkommenheit nicht zu meinem Pflichtenkreis gehören könne.

Ein Residuum dieser Kantschen Lehren spielt auch bei Wundt eine Rolle bei seiner Gegnerschaft gegen das Summierungsprinzip.

„Das eigene Ich ist kein letzter sittlicher Zweck", so lehrt er Ethik III, 81.

Was ist der Sinn dieses Satzes? Das eigene Ich ist in dem Sinne sittlicher Zweck, daß es als Gebiet für die Verwirklichung primärer Güter oder Werte in Betracht kommt. Die „tote Seele" freilich ist kein primärer Wert. In der Sprache der Alten: Die Accidentien, nicht die Substanzen können allein in sich selbst wertvoll sein. Die Substanz also nur, sofern die Accidentien sie in sich begreifen. Die psychisch tätige Seele also, und zwar die vorstellende, richtig urteilende, richtig liebende, beseligte Seele als solche ist wertvoll, wie andererseits die schmerzerfüllte, irrende, sittlich fehlende Seele Übel involviert.

Wundt lehrt: „Ist das individuelle Lustgefühl sittlich wertlos, so ist es auch das Lustgefühl vieler oder aller." „Aus lauter Nullen läßt sich keine Größe bilden."

Wir begegnen hier (Wundt III, 81) einer anderen Argumentation als der vorhin kritisierten. Nicht das principium indiscernibilum, sondern die „sittliche Wertlosigkeit" der Lust wird hier zu Hilfe gerufen.

Das „individuelle Lustgefühl", das „individuelle Glücksgefühl" ist nach Wundt wertlos. Ist also auch das individuelle Schmerzgefühl nun kein Übel? Wenn die ganze Welt von Schmerz erfüllt wäre und von nichts anderem, wäre das irrelevant? „Aus lauter Nullen läßt sich keine Größe bilden"? Zählt der Schmerz nicht zu den Unwerten oder Übeln, genau so wie die Lust nicht zu den Gütern oder Werten?

Und dasselbe müßte folgerichtig von der Erkenntnis und dem Irrtum gelten und von allen anderen psychischen Tätigkeiten, die man in die Tafel der Güter und Übel aufzunehmen pflegt!

Und wie wäre es dann mit dem sittlichen Streben und Lieben selbst? Ist das etwa nichts Individuelles? Nicht die Tätigkeit eines „Ich"? Wie kann es also wertvoll sein, wenn das eigene Ich kein Zweckobjekt des Sittlichen sein kann? Und welches Objekt verbleibt dann noch für ein sittliches Streben, wenn weder die Freude, noch die Erkenntnis, noch sonst ein individueller psychischer Akt zu den Werten zählt?

Am klarsten wird der Fehler dieser Denkweise, wenn man an die Übel denkt. Es ist offenkundig, daß man nicht die Lust von der Liste der Güter streichen und den Schmerz auf der Liste der Übel belassen kann. Eine Wertlehre aber, die zu einem solchen Schritte genötigt ist, — ist eben nichts wert.

Eine solche „Wertlehre" muß, wenn sie folgerichtig ist, wie wir gesehen haben, auch die Erkenntnis von der Tafel der Werte löschen, sie kann in der Vervielfältigung der Erkenntnis eines Lehrsatzes keine Wertsteigerung erblicken.

Sie stellt die Forderung auf, daß nur solches ein Wert sein könne, was nicht individuell ist, und verliert sich ins Absurde, Mystische.[1])

---

[1]) Vgl. Wundt, Ethik III, 4. Aufl., S. 89: „Ebendarum aber, weil im Gebiete individueller Willenstriebe jene Ergänzung der endlichen Beschränktheit im wirklichen Leben niemals eintreten kann, ist sie hier nicht in der Form subjektiver Glücksgefühle vorhanden, die als solche niemals einen allgemeinen Wert gewinnen können, sondern in Gestalt objektiver geistiger Werte, die aus dem gemeinsamen Geistesleben der Menschheit hervorgehen, um dann wieder auf das Einzelleben zurückzuwirken, nicht damit sie sich hier in eine objektiv wertlose Summe von Einzelglück verlieren, sondern damit aus der schöpferischen Kraft individuellen Geisteslebens neue objektive

Im Kampfe gegen einen durch willkürliche Deutung zum Popanz verunstalteten Individualismus konstruieren diese Art von Sozialphilosophen den Staat und das Gemeinwesen als eine selbständige lebende Wesenheit; sie nehmen sprachliche Bilder für Wirklichkeiten, Abstrakta für Concreta, Collektiva für Individuen, Universalia für Realitäten. Diese blutleeren Ausgeburten einer fiktionsschwangeren Juristenphantasie sind die idealen, überindividuellen Zwecke, „deren objektiver Wert groß genug ist, um das Opfer zu lohnen, das die sittliche Norm verlangt", und für die das Blut von Tausenden freudig vergossen werden soll.

Und doch ist die Wahrheit so einfach: Jede Einsicht ist an und für sich betrachtet etwas, was, wenn es gewertet wird, nicht anders als mit Recht gewertet werden kann.

Der Einsicht gegenüber ist aus mancherlei Gründen die „sinnliche Lust" minderwertig. Aber an und für sich betrachtet ist auch sie nichts gleichgültiges, sondern liebenswert. Jede Bereicherung unseres Vorstellungslebens ist gleichfalls als wertvoll zu begrüßen.

Ein besonders hohes Gut ist die richtige und als richtig charakterisierte Gemütstätigkeit. Das „Ich" kommt hierbei lediglich als Nützlichkeit, als Bedingung der Wertrealisierung in Betracht. Es kann keine Erkenntnis, keine Freude, keine Wertung geben, die nicht individuell wäre, d. h. die eines Ich. Wenn Wundt nichts anderes meinte als dies, so wäre seinem Satze: „Das eigene Ich ist kein letzter sittlicher Zweck" beizustimmen. Ja es müßte dieser Satz erweitert werden: „Kein Ich, weder das eigene noch das fremde, ist ein letzter sittlicher Zweck". Das bewußtlose Ich ist kein Eigenwert. Die psychisch tätigen Iche sind es, die allein als Werte oder Übel in Betracht kommen; und da gilt ein Ich so viel wie das andere.

Ein Ich — gleichgültig ob das meine oder das deine — enthält etwas Wertvolles, wenn Erkenntnis, sinnliche Lust, edle Gemütstätigkeiten, Vorstellungen in ihm realisiert sind.

Dabei gibt es freilich große Wertunterschiede und die sinnliche Lust nimmt einen vergleichsweise geringen Rang ein.

Werte von noch reicherem Inhalt entstehen." Ich frage: wie anders können diese objektiven geistigen Werte, die auch ich anerkenne, existieren als in den Individuen, die durch sie beglückt werden?

Ein Ich — gleichgültig ob das meine oder das deine — enthält ein Übel, wenn sinnlicher Schmerz, Irrtum, unrichtige Liebe und unrichtige Bevorzugung in ihm verwirklicht sind.

Alle diese primären Werte und Übel können aber nicht nur als solche, sondern auch als Nützlichkeiten oder Schädlichkeiten in Betracht kommen, und dadurch kompliziert sich die Sachlage; wir haben es aber jetzt und hier nur mit ihnen als Eigenwerten zu tun.

Das bewußtlose Ich ist kein primärer Wert; mit dem Erwachen des Bewußtseins erwachen die Werte und Übel.

Und von der Tafel dieser Werte und Übel ist die sinnliche Lust und der sinnliche Schmerz nicht zu streichen.

Wundt sagt (III, 81): „Auch die Vervielfältigung der Einzelsubstanzen ändert nichts an dieser Sachlage. Aus lauter Nullen läßt sich keine Größe bilden.“ Ich erwidere: „Es handelt sich nicht um die Vervielfältigung der Einzelsubstanzen, sondern der Accidentien!!“

Die Einzelsubstanzen sind wertvoll oder übelvoll, je nachdem in ihnen wertvolle oder üble Accidentien gegeben sind. Die Einzelsubstanzen sind an und für sich — ohne diese Accidentien — bloße Möglichkeiten für Werte. Verwertbarkeiten; keine Eigenwerte.

Nützlich ist, was die Existenz eines Eigenwertes, die Nichtexistenz eines Übels bedingt.

Wer sich so nützlich machen will als möglich, der hat den rechten praktischen Vorsatz, den sittlichen Willen.

Es ist gleichbedeutend, wenn ich sage: „Wer das Beste unter dem Erreichbaren will, hat den richtigen praktischen Entschluß gefaßt.“

Denn derjenige, der das Beste unter dem Erreichbaren will, der will sich so nützlich machen als möglich.

Es gibt nur eine oberste praktische Pflicht, nur einen Leitsatz für alles menschliche Vorhaben: sich so nützlich machen zu wollen als möglich, oder das praktisch Beste, das praktisch Vorzüglichste zu wollen, den größten praktischen Hoffnungswert anzustreben, der eine Funktion ist des Wertes und der Wahrscheinlichkeit, ihn zu realisieren.

Man kann diese oberste Regel auch, wenn einem das so besser gefällt, den „kategorischen Imperativ“ nennen. Aber unter „Imperativ“ ist natürlich keine Forderung zu verstehen, die irgendwer an uns stellt.

Dieser Imperativ ist nichts anderes als eine timologische, axiologische, d. h. eine werttheoretische Wahrheit, die als solche erkennbar ist. Die höchste Norm ist also weder heteronom — d. h. auf ein Fremdgebot zurückzuführen —, noch autonom — d. h. auf einem Eigengebot beruhend —, sondern orthonom, d. h., sie ist eine als richtig erkennbare Regel des richtigen Wollens.

Die praktische Philosophie kann nicht anders als utilitarisch sein.

Aber dieser Utilitarismus darf weder einseitig hedonistisch, noch subjektiv sein. Und die Aufgabe der Pflichtenlehre oder der sekundären praktischen Regeln ist es, zu lehren, welche Verhaltungsweise je nach gewissen Umständen, in gewissen typischen Fällen erfahrungsgemäß den größten Nutzen verspricht.

Jede abgeleitete Pflicht ist empirisch und relativ, während der oberste praktische Satz a priori und objektiv und absolut ist.

Und die Wertgesetze sind nach Kants Ausdruck „unerweislich und doch apodiktisch“; auch Bentham hat sich, wie wir hörten, ganz ähnlich ausgedrückt: „selbstevident und unbeweisbar“.

Man pflegt Kant als größten Gegensatz Benthams überschwänglich zu preisen.

Dem Prinzip des Nutzens stellt man den kategorischen Imperativ Kants entgegen:

„Handle nach einer Maxime, welche zugleich als ein allgemeines Gesetz gelten kann.“

„Ein praktisches Gesetz, was ich dafür erkenne, muß sich zur allgemeinen Gesetzgebung qualifizieren.“

Es ist schon von anderen und wiederholt gezeigt worden, daß dieser Gedanke Kants sich lediglich durch utilitarische Erwägungen rechtfertigen läßt. Ich nenne nur beispielsweise Lotze, Mill, Brentano. Oder ich zitiere Falckenbergs Geschichte der neueren Philosophie 7. Aufl. 1913, der ihn folgendermaßen kommentiert: Bist du im Zweifel über die Moralität einer Handlung oder Triebfeder, so lege dir nur die Frage vor: was würde aus der Menschheit, wenn jeder nach demselben Grundsatz handeln wollte?“ Oder man lese die Anwendung, die Treitschke in seiner Politik von dem kategorischen Imperativ macht; er beurteilt die Handlungsweise der preußischen Generale Boyen und Clausewitz und fragt: „Kann denn diese Handlungsweise als Maxime betrachtet werden, nach der jeder hätte handeln können? Was wäre denn aus uns geworden, wenn alle Offiziere nach Rußland gegangen wären?"

Eine Maxime eignet sich dann nicht zum Prinzip einer allgemeinen Gesetzgebung, wenn sie als allgemeine Regel befolgt, gemeinschädlich, sie eignet sich dazu, wenn ihre Befolgung gemeinnützig wäre.

Kants kategorischer Imperativ ist also nichts anderes als eine Anweisung an das Prinzip des allgemeinen Nutzens.

Er hätte ebensogut sagen können: handle nach einer Maxime, welche zugleich ein Utilitarist (mit vervollständigter Gütertafel) als allgemeines Gesetz gelten lassen könnte.

Denn erst dieser würde die berühmte Frage Kants, warum man ein anvertrautes Deposit, auch bei Unmöglichkeit einer Überführung, nicht behalten solle, vernünftig rechtfertigen, durch den Hinweis auf die Untergrabung des Vertrauens und Verkehrs und anderer üblen Folgen, die aus der entgegengesetzten Maxime entstünden.

Zwei unbeantwortete Fragen hinterläßt der kategorische Imperativ:

1. Woran erkenne ich, daß etwas sich zum allgemeinen Gesetz eignet?

2. Warum soll ich nur nach einer Maxime handeln, die sich zum allgemeinen Gesetz eignet?

Die erste Frage läßt keine andere Antwort zu, als: an der Gemeinnützigkeit, sie fordert also eine exakte utilitarische Erwägung des Für und Wider. Die zweite Frage erheischt eine noch kompliziertere Untersuchung.

Es kann ja einer sehr wohl erkennen, daß sich etwas nicht zum allgemeinen Gesetz eignet. Für sich aber nimmt er das Recht in Anspruch von diesem allgemeinen Gesetz abzuweichen; „einmal ist keinmal", „keine Regel ohne Ausnahme".

Warum soll ich nach einer gemeinnützigen Maxime handeln? Es genügt, wenn es alle anderen tun. Ich strebe nach meiner Glückseligkeit und der Vollkommenheit der anderen. Der Schaden, der durch mein Verhalten erzeugt wird, ist dann verschwindend gering.

Ein Kantianer, der Rechtsphilosoph Giorgio del Vecchio hat dem kategorischen Imperativ die Form gegeben: „Handle vorbildlich!“ und hat hiermit an diesen zweiten Punkt gerührt.

Es ist sozial vorteilhaft und darum Regel, daß sich jeder eines solchen Verhaltens befleiße, das vorbildlich wirken könne, „beispielgebend“, „musterhaft“, „nachahmenswert“.

Es ist sozial vorteilhaft, wenn jeder das Seine tut, um sich an der Bildung sozial vorteilhafter Regeln durch sein eigenes Vorbild zu beteiligen. Denn Beispiel weckt Nacheiferung. Plato-Sokrates hat das schon erkannt; der Dialog Kriton ist diesem Gedanken gewidmet. Sokrates würde, „soviel an ihm liegt“, die segensreiche Kraft der Gesetze schwächen, wenn er die Flucht dem Tode und dem Gehorsam vorzöge.

Man sieht, daß die Überlegungen, die den kategorischen Imperativ erst vor der Vernunft explizite rechtfertigen, recht komplizierte sind; sie drängen sich mehr oder minder klar jedem auf; er ist bis zu einem gewissen Grade plausibel und die Zustimmung, die man ihm gezollt hat, stützt sich auf die verborgenen utilitarischen Erwägungen, die jeder in ihm enthalten fühlt.

Der Kantsche kategorische Imperativ geberdet sich so, als ob man jedesmal bei seinen Handlungen die anzuwendende Maxime erst zu finden hätte. Faktisch ist für die Mehrzahl der Fälle eine altbewährte Maxime bei der Hand, die nicht erst zum Gesetze erhoben werden braucht, weil sie bereits bewährtes Prinzip ist.

Es gibt eine positive Moral und einen positiven Rechtskodex. Es lautet daher eine der wichtigsten moralischen Regeln so: „Handle nach derjenigen Maxime, die sich als allgemeines Gesetz bewährt hat“.

Diese Regel gehört selbst dem ungeschriebenen positiven Moralkodex an und findet, wie jede soziale praktische Regel ihre Rechtfertigung in der gesellschaftlichen Vorteilhaftigkeit ihrer regelmäßigen Befolgung.

In den seltenen Fällen, wo uns die hergebrachte Moral und der überkommene Rechtskodex den Umständen nicht mehr entsprechend erscheint, mag man sich die Kantsche Frage vorlegen: welches ist diejenige Maxime, von der ich wollen kann, daß sie zum allgemeinen Gesetz werde und nach der ich somit handeln soll?

Um aber diese Maxime selbst zu finden, dafür gibt mir der „kategorische Imperativ“ auch nicht den geringsten Anhaltspunkt.

Ich muß die Erfahrung befragen, um mit möglichster Sicherheit zu erkunden, welches Verhalten in der Mehrzahl der Fälle das beste unter dem Erreichbaren verwirklichen dürfte. Und ich muß vor allem Werte und Übel zu erkennen, Vorzüge und Nachteile gegeneinander abzuwägen imstande sein.

Das Wahre an Kants kategorischem Imperativ ist, daß jedermann nach Maximen handeln soll, die sich als gesellschaftlich vorteilhaft bewährt haben oder voraussichtlich bewähren werden.

Und so zeigt sich schließlich, daß der kategorische Imperativ Kants, der sich als ein apriorisches Prinzip gibt, in keinem Sinne des Wortes a priori ist, sondern besten Falles ein empirischer Satz.

Daß sich etwas zum allgemeinen Gesetz qualifiziert, kann ich auf gar keine andere Weise wissen als auf Grund von Erfahrung und zwar meist einer sehr langdauernden Erfahrung, von der ich vermittels Induktion und Analogie auf den Nutzen einer gesetzgeberischen Anordnung schließen kann.

Und daß ich nur nach einer Maxime handeln soll, die sich zum allgemeinen Gesetz eignet, ist wiederum nicht a priori, sondern eine Erkenntnis, die durch die Erfahrung von der vorbildlichen, nachahmungweckenden Kraft des Beispiels gestützt wird und durch nichts anderes.

A priori sind apodiktische Erkenntnisse, zu denen wir nichts anderes benötigen als die betreffenden Begriffe: Der Satz des Widerspruchs, Sätze wie, daß ein Eckiges nicht rund sein kann, oder daß zwei Dinge nicht sein können ohne gewisse Relationen; a priori sind auch die Wert- und Vorzugserkenntnisse, die wir besitzen: daß ein die Erkenntnis, die Lust, die Vorstellungsbereicherung Liebender unmöglich ein unrichtig Wertender ist, daß ein den Schmerz, den Irrtum, die unedle Gemütstätigkeit Hassender unmöglich unrichtig haßt —, das sind ebenfalls a priorische Erkenntnisse. Denn es bedarf, um zu ihnen zu gelangen, keiner anderen Erfahrung als jener, die es gestattet, die betreffenden Begriffe zu bilden, nämlich das Erleben und Erfassen der betreffenden Akte des richtigen Liebens oder Hassens.

Und zwar genügt ein einziger derartiger Akt, um mir ohne jede Induktion die Güte einer ganzen Klasse zu offenbaren.[1])

Es genügt, daß ich eine Erkenntnis und ihre richtige Wertung erlebt habe, um einzusehen, daß es unmöglich eine an sich hassenswerte Erkenntnis geben kann.

Es genügt, daß ich einen sinnlichen Schmerz empfunden und das darauf gerichtete Mißfallen erlebt habe, um zu erkennen, daß der sinnliche Schmerz als solcher unmöglich jemals mit Recht geliebt werden kann, unmöglich jemals mit Unrecht gehaßt werden kann.

Und ähnlich erkenne ich a priori, daß die Summierung des Guten vorzuziehen ist der Verminderung, und die Verminderung des Übels seiner Vermehrung.

Daß, wer das Vorzüglichere vorzieht, richtig oder pflichtgemäß vorzieht, ist also a priori und es bedarf daher nur noch der Einführung des Begriffes des Nützlichen und Wollenden, um das praktische Prinzip als apodiktisch und apriorisch zu erkennen.

Es ist unmöglich, daß einer unrichtig will, der sich so nützlich machen will als möglich, d. h. unter allen Umständen das Beste unter dem Erreichbaren anstrebt. Das ist wirklich ein apriorisches, apodiktisches, einsichtiges Prinzip, während das von Kants kategorischem Imperativ nicht gilt.

Kant hat wohl die Apriorität des sittlichen Prinzips gefordert, er hat aber selbst diese Forderung nicht erfüllen können; a priori ist eben das Vorzugsprinzip und die ihm entsprechende utilitarische Maxime: „Wähle das praktisch Beste."

Man könnte dem kategorischen Imperativ den Wert eines heuristischen Prinzipes zugestehen; nicht weil er uns etwa direkt die konkrete praktische Regel finden läßt, sondern weil er uns zum wahren obersten Gesetz, nach dem wir hier und jetzt handeln sollen, hinführt, sobald wir anfangen über die beiden Fragen nachzudenken, die er — wie gezeigt, offen läßt: Welches ist das Kriterium für die Tauglichkeit zum allgemeinen Gesetz? Was verpflichtet mich, d. h. warum ist es richtig nur nach einer solchen Maxime zu handeln, die sich zum Gesetz qualifiziert? Antwort ad 1: die allgemeine Nützlichkeit; Antwort ad 2: die allgemeine Nützlichkeit.[2])

---

[1]) Vgl. Franz Brentano, Vom Ursprung sittlicher Erkenntnis.

[2]) Werner Sombart aber nennt in seiner Flugschrift „Händler und Helden, Patriotische Besinnungen", das Nützlichkeitsprinzip ein „hundsgemeines Ideal".

Man wird fragen, aus welchem Grunde ich in dieser Einleitung auf den Kantschen kategorischen Imperativ zu sprechen komme?

Aus welchem Grunde? Kant ist einer der mächtigsten Autoren der neueren Philosophie, insbesondere auch der Moralphilosophie; eine Auseinandersetzung — sei sie auch notgedrungen kürzer als erwünscht — ist daher für denjenigen nicht zu vermeiden, der ein anderes Prinzip als das seine für das Richtige hält. Für uns aber ist diese Heranziehung auch darum geboten, weil Kant als stärkster Gegner der hedonistischen und utilitarischen Ethik „Epikurs", d. h. Benthams gilt. Inwieweit diese Gegnerschaft berechtigt und wieweit sie unberechtigt ist, mußte geprüft werden. Kant hat endlich über dasselbe Thema — über den „ewigen Frieden" — geschrieben und seinen diesbezüglichen Ausführungen liegt der kategorische Imperativ zu Grunde; er kommt teilweise zu ähnlichen praktischen — manche werden sagen „unpraktischen" — Forderungen wie Bentham. Ein erneuter Anlaß, die beiden Prinzipien miteinander zu vergleichen.

Folgendes ist es, was Kant in seiner Schrift „zum ewigen Frieden" über den kategorischen Imperativ ausführt:

„Um die praktische Philosophie mit sich selbst einig zu machen, ist nötig zuvörderst die Frage zu entscheiden: ob in Aufgaben der praktischen Vernunft vom materialen Prinzip derselben, dem Zweck (als Gegenstand der Willkür), der Anfang gemacht werden müsse, oder vom formalen, d. i. demjenigen (bloß auf Freiheit im äußeren Verhältnis gestellten), darnach es heißt: Handle so, daß du wollen kannst, deine Maxime solle ein allgemeines Gesetz werden (der Zweck mag sein, welcher er wolle)."

Ohne allen Zweifel, meint Kant, müsse das formale Prinzip; der kategorische Imperativ vorangehen, denn es habe als Rechtsprinzip unbedingte Notwendigkeit, während das materiale Prinzip „nur unter Voraussetzung empirischer Bedingungen des vorgesetzten Zwecks, nämlich der Ausführung desselben, nötigend ist und, wenn dieser Zweck (z. B. der ewige Friede) auch Pflicht wäre, so müßte doch diese selbst aus dem formalen Prinzip der Maximen, äußerlich zu handeln, abgeleitet worden sein."

Einen Teil der Kritik dieser Sätze haben wir im Vorstehenden schon geliefert.

Insbesondere mußten wir die Formulierung des kategorischen Imperativs ablehnen.

Ferner fanden wir, daß Kant den Pflichtbegriff nicht richtig faßt. Für ihn ist Pflicht „Nötigung zu einem ungern genommenen Zwecke.“ Das, sahen wir, ist unrichtig. „Nötigung“ ist überhaupt ein schlechter Ausdruck für das, was Kant sagen will.

Es ist Pflicht, etwas zu wollen, heißt: es soll etwas gewollt werden = es ist richtig oder gerechtfertigt, etwas zu wollen.

Daß der Zweck ungern genommen werde, steckt in diesem Begriff nicht. Es ist ein zu enger Pflichtbegriff, der sich nur auf jene Fälle erstreckt, die mit Opfern verbunden sind.

Gäbe es keine Versuchungen, keine Dispositionen zu unrechter Wahl, so gäbe es kein Verdienst, kein lob- und lohnwürdiges Verhalten, keine Opfer. Kein Zweck würde ungern genommen. Aber Pflichten gäbe es, und alle würden gerne und ohne Verzug, ohne Schwanken erfüllt; die Erkenntnis des Besseren würde unweigerlich zum Wollen determinieren. Ganz so wie es Plato und Aristoteles in ihrem „intellektualistischem Determinismus“ meinten.

Dagegen ist es ein Vorzug der Kantschen Morallehre, daß er den Pflichtbegriff in den Vordergrund stellt. Nur hätte er ihn nicht bloß als einen „erhabenen und großen Namen“ verehren, sondern auch psychologisch genau analysieren sollen, als den des emotionell Richtigen.

Auch Bentham kennt den Pflichtbegriff; er hat die Pflichtenlehre als Deontologie bezeichnet und *τὸ δέον* als das bezeichnet, was sein soll. Nur ist für ihn das Seinsollende dem Umfang nach mit der Freude und Schmerzlosigkeit und dem hiefür Nützlichen erschöpft und mangelt auch bei ihm eine genauere Analyse.

Kant betont mit Recht, daß man bei der Pflicht es nicht mit Zwecken zu tun hat, die der Mensch sich nach sinnlichen Antrieben seiner Natur zum Zwecke macht, sondern mit solchen Gegenständen, die er sich zum Zwecke machen soll. — Er lehnt sich also gegen jede subjektivistisch-relativistisch-psychologistische Ethik auf und hierin gebührt ihm voller Beifall. Darin besteht sein Verdienst.

Es handelt sich darum, die objektiven — absoluten — Werte zu erkennen. Für Bentham waren solche die Freuden und Genüsse und die Abwesenheit von Schmerzen. Kant verwirft das auf das entschiedenste. Jede materiale Ethik lehnt er ab. Das ist ein Irrtum. Aber er erklärt sich teils als Reaktion gegen den einseitigen Epikuräismus (Hedonismus), teils daraus, daß es in der Tat nichts gibt wie einen obersten praktischen Wert, ein höchstes, praktisches Gut, das dies unter allen Umständen wäre.

Wohl gibt es objektive Werte und Übel. Wir haben oben eine Anzahl namhaft gemacht; welches aber aus ihrem Umfange im gegebenen Falle zu wollen ist, welches also das praktisch Beste ist, kann nicht ein für allemal bestimmt werden.

Selbst Bentham, der doch nur Lust und Schmerzlosigkeit kennt, ist nicht imstande, zu sagen, welche der verschiedenen möglichen Genüsse allemal den Vorzug verdienen. Die Intensität kann mit der Dauer, mit der Wahrscheinlichkeit, der Extensität usw. konkurrieren.

Mit anderen Worten: die Vorschrift, jedesmal den allgemeinen Nutzen anzustreben oder das größtmögliche Glück der größtmöglichen Zahl ist auch nur eine formale Vorschrift; denn durch welche Qualitäten von Genüssen dieses größtmögliche Wohl jedesmal bestimmt wird, ist quaestio facti. Nur daß Bentham den Umfang der Werte viel zu eng abgegrenzt hat.

Aber sofern Kant nur den „guten Willen" als gut gelten läßt, verfällt er in einen Fehler, der so scheinbar diametral, nahe genug verwandt ist. Auch dies ist eine viel zu enge Bestimmung.

Es ist eine wichtige Erkenntnis, daß es eine absolut verbindliche oberste Vorschrift gibt, daß aber bei ihrer Objektivität und Absolutheit ihr ein materieller Inhalt nicht zukommt. Es gibt keinen ein für allemal materiell oder qualitativ zu bestimmenden höchsten praktischen Wert — kein solches praktisches Gut, aber es gibt eine oberste Pflicht, einen kategorischen Imperativ, eine unter allen Umständen verpflichtende Regel, die sich auf die erreichbar besten aus jenem Kreis von Gütern oder Werten richtet, der unserer Werterkenntnis zugänglich gemacht ist. Daher ist trotz der entgegenstehenden Forderung Kants von einem „materialen Prinzip" auszugehen, das heißt: um der Forderung genügen zu können, unter den erreichbaren Werten den vorzüglichsten zu wollen, müssen uns eben die Werte und Vorzüge offenbar geworden sein. Es gibt einfache Prinzipien des Wertes und Prinzipien des Vorziehens, die materieller Art sind, und ohne die das höchste praktische Prinzip gar keine Möglichkeit der Entstehung und Anwendung hätte.

Es ist unbedingte Vorschrift, das Beste unter dem Erreichbaren zu wollen; aber um ihr zu genügen, muß ich eben die Güter und ihre Vorzüge abzuschätzen imstande sein.

Es gibt nichts, was unter allen Umständen das erreichbar Beste wäre, aber unter allen Umständen gibt es etwas, was das erreichbar Beste ist und dieses hat selbstverständlich jedesmal einen materiellen Gehalt. Das eine Mal ist es richtig, Erkenntnis zu wollen, das andere Mal Freude, sei es für sich oder andere usw.

„Die politischen Maximen", sagt Kant in seiner Schrift vom ewigen Frieden, „müssen nicht von der aus ihrer Befolgung zu erwartenden Wohlfahrt und Glückseligkeit eines jeden Staates, also nicht vom Zweck, den sich ein jeder zum Gegenstande macht (vom Wollen), als dem obersten (oder empirischen) Prinzip der Staatsweisheit, sondern von dem reinen Begriff der Rechtspflicht und vom Sollen, dessen Prinzip a priori durch reine Vernunft gegeben ist, ausgehen, die physischen Folgen daraus mögen sein, welche sie wollen."

Dazu ist zu bemerken, daß es schon die Meinung des Aristoteles war, es habe die Politik nicht von dem in einem Staate gerade faktisch angestrebten Zwecke auszugehen, sondern daß dieser Zweck auf seine Berechtigung hin zu prüfen sei; aber daß die zu erwartende Wohlfahrt und Glückseligkeit ein solcher berechtigter Zweck nicht sein könne, wäre, besonders wenn man den Begriff des Wohles nicht lediglich auf Genuß und Reichtum einschränkt, zu viel behauptet. Freilich, wenn die Politik das Wohl des eigenen Staates rücksichtslos im Auge behält, so führt das zur Verletzung von Rechtspflichten.

Darum hat aber auch Bentham in seiner Schrift über den ewigen Frieden, nicht das Wohl des eigenen Staates als oberstes Prinzip der internationalen Politik befolgt wissen wollen, sondern das Wohl aller Staaten.

Faßt man den Begriff „allgemeines Wohl" oder „allgemeiner Nutzen" entsprechend weit, so daß er mit dem Begriff des „allgemeinen Besten" zusammenfällt, so ist das richtige leitende Prinzip für die internationale Politik gewonnen; der Staatsmann hat keine andere Moral zu befolgen als jeder andere Mensch; das Beste unter dem Erreichbaren hat er anzustreben.

Sich mit jenen auseinanderzusetzen, die Politik und Moral für zwei heterogene Gebiete betrachten lohnt nicht.

Dagegen ist ein naheliegender Einwand zu erledigen: Der Politiker eines bestimmten Staates hat für das allgemeine Beste seines eigenen Staates zu sorgen; dazu ist er bestellt und das ist seine Aufgabe.

Das Wohl eines anderen Staates, als desjenigen, dessen Interessen wahrzunehmen sein Amt ist, würde seiner amtlichen Stellung und Aufgabe widerstreiten; es wäre eine Pflichtverletzung.

Jeder der anderen Staaten nimmt in gleicher Weise nur sein eigenes Interesse wahr, und keiner erwartet etwas anderes vom anderen. Jedem Politiker eines jeden Landes, der sich mit den auswärtigen Beziehungen, besonders den Handelsbeziehungen, zu beschäftigen hat, wird nichts anderes zur Pflicht gemacht als die Wahrung der Interessen des Landes, das ihn bestellt hat.

Bentham will jedoch für die auswärtige Politik den Grundsatz der Weltwohlfahrt beachtet wissen; er will den allerorten geltenden Grundsatz der auswärtigen Politik „mein Land ist meine Welt“ ersetzt haben durch den Grundsatz „die Welt ist mein Land“ und es fragt sich inwiefern diese Forderung berechtigt ist.

Daß es anderen Staaten und Völkern gegenüber Rechtspflichten gibt, wird von niemandem bestritten; insofern also die Bedachtnahme auf das Wohl fremder Staaten sich in der Beachtung der Rechtspflichten gegen diese erschöpft, ist die prinzipielle Berechtigung einer Politik der Weltwohlfahrt unangezweifelt; und es gilt daher nur im Einzelfalle die Frage zu beantworten, wie diese Rechtspflichten zu begrenzen sind.

IV.

Es ist unumgänglich, bei dem Begriff „des Gerechten“ einen Augenblick zu verweilen, um den Standpunkt Benthams richtig zu würdigen. Das „suum cuique“ — „Jedem das Seine“ —, d. h. jedem das ihm Gebührende, gilt als Leitsatz des Rechtes.

Schon Aristoteles aber unterschied nach älteren Vorbildern zwischen der ausgleichenden und der verteilenden Gerechtigkeit, und bei Bentham kehrt dieser Unterschied in seiner Trennung der Prinzipien der Sicherheit und Gleichheit in wesentlich verwandter Weise wieder.

Auf folgendes zielt man hierbei ab:

Gleichwie der Unmusikalische dem vortrefflichsten und kostbarsten Instrument keine Melodie zu entlocken vermag und der höher Begabte höhere Werte ins Leben ruft, so gilt Analoges schlechthin von dem Verhältnis der Verwertbarkeiten zu den Menschen, die darüber verfügen.

Dem trefflicheren Verwertungskünstler wäre das kostbarere Verwertungsmaterial zuzuteilen, handle es sich nun um physische oder psychische Verwertbarkeiten.

Der intellektuell, künstlerisch und ethisch Höherstehende hat Anspruch auf andere und kostbarere Verwertungsmittel als der unvollkommenere Mensch.

Sofern die Vorzüglichkeit eine Funktion der Menge ist, gebührt also dem Trefflicheren mehr als dem minder Trefflichen.

So wie sich die Tüchtigkeit des A verhält zu der Tüchtigkeit des B, so haben sich die dem A zuzuteilenden Verwertbarkeiten ihrem Werte nach zu verhalten zu den dem B zuzuteilenden. Daher sagten die Alten, es sei das geometrische Verhältnis für die verteilende Gerechtigkeit maßgebend.

Die nationalökonomische Lehre von der Komplementarität der Verwertbarkeiten erstreckt sich mutatis mutandis auch auf die Komplementarität von Mensch und Verwertbarkeit — denn der Mensch kommt eben selbst als Verwertbarkeit, als Nützlichkeit in Betracht. Seine Substanz ist der Boden, auf dem die seelischen Güter und Üebel gedeihen und sein Wollen ist Ursache von Wertverwirklichungen; weil also der Mensch unter gewissen Bedingungen sich nützlich machen kann, darum sollen ihm auch die Bedingungen gewährt werden, unter denen dies möglich ist und den verschiedengearteten Menschen verschiedengeartete Bedingungen.

Eine der wichtigsten dieser Bedingungen ist das soziale Zusammenleben, welches Arbeitsteilung und Arbeitsvereinigung und dadurch eine ungeheuere Wertsteigerung gegenüber dem isolierten Leben ermöglicht. Durch natürliche Ursachen und durch ethische Erwägungen also ist der Mensch zum gesellschaftlichen Lebewesen bestimmt.

Das Zusammenleben mit anderen gewährt ihm die Möglichkeit gegenseitiger Einwirkung, die im großen ganzen als objektiv überwiegend vorteilhaft für das Wertwachstum in der Welt sich bewährt hat.

Die höchste politisch- oder sozial-ethische Frage ist: wie wird der soziale Wertverwirklichungsbetrieb auf das objektiv vorteilhafteste geregelt, so daß die höchsterreichbare Wertsteigerung erzielt wird?

Die Antwort ist: indem jedem jene Verwertungssphäre angewiesen würde, die ihm komplementär, das heißt am angemessensten, entsprechendsten ist, die für ihn paßt.

Jedem das ihm Gebührende im Hinblick auf seine Fähigkeit. Das ist das Ideal der verteilenden Gerechtigkeit.

Allein die Schwierigkeiten, ihm voll zu entsprechen, sind unüberwindlich.

Es ist oft und oft schon gezeigt worden, daß jede gewaltsame Neuordnung ohne die schwerste Schädigungen des Wertverwirklichungsbetriebes, wie er tatsächlich etabliert ist, unmöglich ist. Eine gerechte Verteilung mit einem Schlage durchführen zu wollen, ist eine verderbliche Utopie.

Das Einzige, was erreichbar ist und mit Vorteil erreicht werden kann, ist, unter möglichster Schonung der geschichtlich überkommenen Machtverhältnisse auf eine gerechtere Verteilung hinzuwirken.

Die „Rechtssicherheit" geht vor, die jedem das beläßt, was ihm zufolge der faktischen Machtverhältnisse zugehört und ihn im Besitze seiner Verfügungssphäre schützt, als ob sie ihm gebührte.

Als ob also unsere Eigentumsordnung schlechthin auf dem Grundsatz der verteilenden Gerechtigkeit aufgebaut wäre. In Hinblick auf die verteilende Gerechtigkeit ist die gegenwärtige Rechtsordnung jedoch nur eine interimistische Besitzordnung und verhält sich zur Eigentumsordnung, in der das Ideal: „jedem das ihm Gebührende" verwirklicht wäre, wie innerhalb unserer Rechtsordnung der faktische Besitz zum Eigentum.

Die Regeln, welche auf die Rechtssicherheit in erster Linie bedacht sind, dienen einer objektiv vorteilhaftesten Verteilung nur indirekt, indem sie verhüten, daß die in der gegenwärtigen Verteilung bereits gewährleisteten Wertverwirklichungsmöglichkeiten und Entwicklungsansätze zu einer gerechteren Verteilung gestört werden.

Sie erhalten ihre ethische Sanktion aber lediglich durch die Wertverwirklichung, die sie tatsächlich garantieren und durch ihre Stellung als Vorstufe zu einer objektiv besseren Verteilung, die sie vorbereiten.

Mit anderen Worten, der Politiker hat keine Gelegenheit, zu vernachlässigen, um an dieser Hinüberführung zu einer sozial angemessieneren Verteilung mitzuwirken, und seine wichtigste

Aufgabe besteht darin, unter möglichster Schonung der Rechtssicherheit die verteilende Gerechtigkeit zu begünstigen.

Bei allen Gelegenheiten, die es ohne Erschütterung der Rechtssicherheit gestatten, hat er auf eine objektiv vorteilhaftere Distribution hinzuarbeiten.

Dies geschieht besonders auch durch Ausgleichung der allzugroßen Ungleichheiten des Besitzes, durch die dem einen übermäßiger Luxus gestattet wird, während viele hungern und verhungern; darum hat Bentham die Grundsätze der verteilenden Gerechtigkeit solche der Gleichheit genannt: Unter übrigens gleichen Umständen ist nach dem oben erwähnten Benthamschen Gesetze die gleiche Verteilung die wünschenswerte.

Aber, so lehrt er immer wieder, die Sicherheit geht der Gleichheit vor.

Die Fälle, bei denen die verteilende Gerechtigkeit am leichtesten sich betätigen kann, sind die Fälle, wo Verfügungs- und Verwaltungssphären unbesetzt sind. Auf dem Gebiete des öffentlichen Lebens: bei Besetzung von Ämtern und Würden; den rechten Mann am rechten Orte! Nirgends ist, so wie hier, die verteilende Gerechtigkeit, welche die „Qualifikation" berücksicht, so berufen, ihres Amtes zu walten.

Wehe dem Staate, wo die zivilen und militärischen Stellen nicht nach dem Grundsatz der Würdigkeit, d. i. der verteilenden Gerechtigkeit, vergeben werden; wo Protektion, Nepotismus, Ipsissimismus, kurz „Korruption" die Stellen in Staat und Gemeinde zuteilt!!

Aber auch, wo es sich um materiellen Besitz handelt, sind Gelegenheiten gegeben, die verteilende Gerechtigkeit wahrzunehmen: bei Tausch, Tod, Vermögensübertragung im weitesten Sinne des Wortes.

In doppelter Weise kann dies geschehen: erstens durch entsprechende Besteuerung des Einkommens, Vermögensanfalles und Vermögensüberganges, und zweitens durch Schutz und Förderung des wirtschaftlich Schwächeren vor Übervorteilung und Ausbeutung bei den verschiedenen Akten des wirtschaftlichen Verkehres.

Probleme der Volkswirtschaftspolitik sind in der Regel Probleme einer gerechteren Verteilung. Verteilungsprobleme.

Wo Eigennutz dem Gemeinnutzen, d. i. dem allgemeinen Besten, zuwiderläuft, da hat sie ihres Amtes zu walten.

Sie hat die Interessenkonflikte der Wirtschaftssubjekte in einer Weise zu regeln, die einer objektiv vorteilhaftesten Verteilung und damit dem Wachstum primärer Werte am besten dient.

Die innerstaatliche Politik ist also unweigerlich verpflichtet, sich an der Ethik zu orientieren und nach den Prinzipien der verteilenden Gerechtigkeit zu verfahren, wobei die Rechtssicherheit den Vorrang genießt, weil die Ordnung der gerechten Ordnung vorangehen muß.

Wir sahen, daß der Satz „suum cuique“, „Jedem das Seine“, einen doppelten Sinn hat, je nachdem die sichernde oder die verteilende Gerechtigkeit gemeint ist, und daß die wahre Sanktion des sichernden Rechtes von den Zielen des verteilenden herrührt.

Nun hat, so hörten wir, der Politiker eines jeden Staates für das allgemeine Beste des eigenen Staates zu sorgen.

„Eine Schranke der Betätigung ethischer Ziele in der Volkswirtschaftspolitik“, so schreibt ein scharfsinniger Schriftsteller[1]) jüngst in Schmollers Jahrbuch, 38. Bd.: „bildet die staatliche Grenze. Nicht nur insofern, als hier die Betätigung aufhört, die fürsorgliche Tätigkeit sich also auf ausländische Wirtschaften nicht erstreckt, sondern auch insofern, als bei der Verwirklichung der Ziele der Volkswirtschaftspolitik im Inlande nicht darauf Rücksicht genommen wird, ob der im Inlande erzielte Vorteil nicht von einem Nachteil und zwar vielleicht von einem größeren im Auslande bedingt ist. Das gegenseitige Verhalten der Staatsgewalten bei volkswirtschaftlichen Maßnahmen ist heute ähnlich dem Verhältnis der einzelnen Wirtschaften innerhalb der Volkswirtschaft. Jede Staatsgewalt verfolgt das Interesse der eigenen Volkswirtschaft ohne Rücksicht auf das Interesse der fremden Volkswirtschaften, wobei sie annimmt, daß die fremde Staatsgewalt wieder ihre eigenen Interessen wahrt. Schranken, und zwar sittliche Schranken bei Verfolgung der eigenen Interessen gegenüber Interessen fremder Volkswirtschaften sind gegenüber früheren volkswirtschaftlichen Zuständen vielleicht schon merklicher geworden, allein sie sind noch immer viel geringer, als innerhalb der Volkswirtschaft im Verhältnisse

---

[1]) Oskar Engländer, Die Erkenntnis des Sittlich-Richtigen in der Nationalökonomie.

der einzelnen Wirtschaften zueinander. Für eine Weltwirtschaftspolitik, welche die Interessen aller Volkswirtschaften in grundsätzlich gleicher Weise ebenso anerkennen würde, wie die Volkswirtschaftspolitik die Interessen der innerhalb der Volkswirtschaft vereinigten Wirtschaften als gleichwertig anerkennen muß, fehlt heute sowohl das Organ als auch alle übrigen Voraussetzungen".

Innerhalb eines und desselben Staates also ist die Forderung, daß nicht nur Ordnung sondern auch gerechte Ordnung herrschen soll, wenigstens prinzipiell anerkannt und die innerstaatliche Politik beginnt sich allenthalben der verteilenden Gerechtigkeit anzunehmen. Sie ist das Um und Auf der sozialen Frage.

Innerhalb eines und desselben Staates wird nicht nur gewalttätige Besitzergreifung hintangehalten sondern auch — wenigstens in bescheidenem Maße — allzu ungerechter Einkommensverteilung entgegenzuwirken gesucht.

In der sogenannten internationalen Politik, ist man heutzutage noch nicht einmal soweit gekommen, um gewalttätige Besitzergreifung zu verabscheuen, geschweige denn, daß man auf eine internationale gerechte Einkommenverteilung bedacht wäre.

Es gibt auch kein Organ, das analog wie eine bestimmte Staatsregierung die verteilende Gerechtigkeit innerhalb des Staatsgebietes, so die verteilende Gerechtigkeit innerhalb des weltwirtschaftlichen Verkehrs auch nur einigermaßen berücksichtigt.

Es kann daher auch innerhalb der Weltwirtschaft kein anderes Organ „nach dem Reiche der reinen praktischen Vernunft und nach seiner Gerechtigkeit trachten", als die jeweiligen Vertreter der internationalen und Handelspolitik eines jeden Staates selbst.

Es ist aber ein Irrtum zu glauben, daß diese mit den Pflichten der Selbstsorge für das von ihnen vertretene Gemeinwesen in Konflikt kommen müssen, wenn sie diese Selbstsorge nicht in Selbstsucht ausarten lassen. Selbstbeschränkung tut not.

Wohin die Sozialpolitik im Staate allmählich führt, dorthin muß auch die Weltpolitik allmählich führen: die Grundsätze einer verteilenden Gerechtigkeit müssen von den Politikern selbst beachtet werden. „Die Ordnung der Menschheit nach

Rechtsgrundsätzen ist ebensosehr eine Tendenz der geschichtlichen Entwicklung als eine Forderung der Vernunft".[1])

Bentham bemüht sich zu zeigen, daß dies im wohlverstandenen Interesse der beteiligten Staaten selbst gelegen ist.

Wenn ihm dies auch nur halbwegs gelungen wäre, so wäre er dafür nicht zu tadeln sondern hoch zu preisen.

Aus dem Bemerkten ergibt sich zugleich, daß die wichtigsten und häufigsten Fragen der internationalen Politik nicht „Rechtsfragen" im gewöhnlichen Sinne des Wortes sind, wo man die „sichernde Gerechtigkeit", das „strictum jus" darunter versteht.[2])

Hier jeweils eine Abgrenzung zu finden, die nicht nur gerecht ist, sondern auch als gerecht empfunden wird, ist eine Aufgabe, deren Lösung von der Zunahme des Gerechtigkeitssinnes innerhalb der Menschheit abhängt. Selbstverständlich geht hier ganz besonders die „sichernde Gerechtigkeit" der verteilenden vor.

Carl Marx hat von einem ökonomischen Paradoxon gesprochen, als er sah, daß die staunenswerte Entwicklung der technischen Machtmittel der Menschheit im großen ganzen nicht zu jenem Segen gereichte, die von ihr vernünftgerweise erwartet werden konnte.

Auch eine juristische, überstaatliche Organisation, wie sie von den Pazifisten — und gewiß mit Recht angestrebt wird — ist an und für sich bloß ein technisches Hilfsmittel besonderer Art und kann ihren Segen nur entfalten, wenn sie von Gerechtigkeitssinn getragen und erfüllt wird. Sonst tritt neben das ökonomische das juristische Paradoxon; ein völliges Fehlschlagen der betreffenden juristischen Institution. Abgesehen davon, daß, wie bemerkt, die Fragen der internationalen Wirtschaftspolitik die Grenzen juristischer Erkenntnis im engeren Sinne des Wortes häufig genug überschreiten.

---

[1]) Giorgio Del Vecchio, Die Tatsache des Krieges und der Friedensgedanke. Übersetzt von Richard Pubanz. Mit einem Vorwort von Prof. Dr. Otfried Nippold. Vgl. meine Kritik in den Kantstudien 1913.

[2]) Karl Dove, Marokko. Vorträge der Gehestiftung 1912. „Es gibt ein höheres als das juristische Recht, das sich in der Geschichte der Völker je und je offenbart. Nach diesem hätten wir Deutsche weit mehr Anspruch auf die politische Herrschaft über den Südwesten als die Franzosen, denn wir bedürfen neuer Gebiete, in denen wir wenigstens einen Teil unserer Auswanderer uns zu erhalten vermögen." Vgl. Ludo Hartmann, Der Krieg und die Weltgeschichte (Schluß). Wien 1915.

V.

Bentham war der Überzeugung, daß ein Leiter der internationalen Politik, der sich das allgemeine Beste aller Staaten zum Ziele setzt, damit zugleich dem allgemeinen Besten seines Staates dient und dem Frieden.

Auf dieser Grundlage sind die vier Abhandlungen aufgebaut, die unter dem Titel „principles of international law" zusammengefaßt werden.

Es ist derselbe Gedanke, den Kant mit den Worten ausgesprochen hat: „Trachtet allererst nach dem Reiche der reinen praktischen Vernunft und nach seiner Gerechtigkeit, so wird euch euer Zweck (die Wohltat des ewigen Friedens), von selbst zufallen".

Aber Bentham geht noch weiter:

Soll, „so fragt Bentham, die Regierung eines Staates die Interessen der Untertanen dem Vorteil von Fremden aufopfern?" Und er antwortet „Warum nicht? Vorausgesetzt, es geschieht in einem Falle, in welchem es für diese Untertanen eben löblich gewesen wäre, das Opfer selbst zu bringen. Rechtschaffenheit selbst, so preiswürdig bei dem Einzelnen, warum sollte sie es nicht bei einer ganzen Nation sein?"

So schreibt also der Schriftsteller, von dem Wundt behauptet, er lehre für das Verhältnis zu anderen Nationen den Grundsatz: „Mein Land ist meine Welt" — den schnödesten, rücksichtslosesten Egoismus!

So weit entfernt ist dies von der Wahrheit, daß wir vielmehr genötigt sind, Bentham vor dem entgegengesetzten Mißverständnis zu schützen, das viel näher liegt und ihm die Lehre zuschreiben könnte, für das Wohl der fremden Nation in gleicher Weise zu sorgen, wie für das der eigenen, sei Pflicht der auswärtigen Politik!

Richtig verstanden, will Bentham aber nur dies: Eben dort, wo die rücksichtslose Verfolgung der eigenen Interessen in schnöden Egoismus ausarten würde, also, wo die Schonung des fremden Interesses zur Rechtspflicht wird, sei es eine Pflicht der sichernden oder eine der verteilenden Gerechtigkeit, dort verlangt er ein größeres Maß von Opferwilligkeit.

Er stellt zwei Rechtsgrundsätze als leitende an die Spitze eines künftigen Völkerrechtes:

1. Es sei das allgemeine Beste anzustreben, sofern es darin besteht, den anderen Nationen keinen Schaden zuzufügen.

2. Das allgemeine Beste, soweit es darin besteht, den anderen Nationen möglichst Gutes zu erweisen, und beides unbeschadet der angemessenen Rücksicht auf das eigene Wohl.

Und so folgt aus seinen völkerrechtlichen Leitsätzen nicht nur die strengste Beachtung der sichernden Gerechtigkeit oder Rechtssicherheit, sondern auch die möglichste Berücksichtigung der verteilenden Gerechtigkeit.

Wann sind im internationalen Verkehr solche Fälle gegeben?

v. Wieser schreibt in seinem Grundriß der Sozialökonomik 1914 S. 441: „Gerade so wie die Schichtung innerhalb der Volkswirtschaft für die unteren Stufen zu einem der schwersten Übel werden kann, so kann auch die internationale Schichtung das schwache Volk zu seinem und zum allgemeinen Schaden der Übermacht des großen unterordnen."

Das ist das vollkommene Analogon jener Fälle, wo innerstaatlich — auch nach Bentham — die Begünstigung des Schwächeren geboten ist.

Bentham müßte — seiner Lehre getreu — für derartige Fälle eine Selbstbeschränkung der betreffenden Übermacht fordern. Er müßte verlangen, daß die wirtschaftlich stärkere Macht ihre günstigere Lage nicht schrankenlos ausbeute; daß sie z. B. die noch unentwickelte Industrie eines schwächeren Staates dadurch schone, daß sie entweder dorthin nicht exportiere oder sie nicht unterbiete u. dergl.

Da aber eine solche Selbstbeschränkung aus ethischen Motiven bei Handeltreibenden offenkundig utopisch ist, so müßte Bentham es aus Gründen der verteilenden Gerechtigkeit unter Umständen für gerechtfertigt halten, wenn das schwächere Volk sich durch Schutzzölle vor Nachteilen zu bewahren sucht, ja selbst Ausfuhrprämien usw. müßte er folgerichtig ausnahmsweise für erlaubt halten.

Und da ist es vielleicht nicht unangebracht, darauf aufmerksam zu machen, daß Bentham, wiewohl er am beredtesten den Freihandel verteidigte, „auch gesetzliche Maßnahmen zur sogenannten Förderung des Handels" zwar grundsätzlich, aber — dem Beispiele Smith's folgend — nicht ausnahmslos verpönt.

Die ausnahmslose Giltigkeit des Satzes: „Keine Regel ohne Ausnahme" — die sogenannte Relativität aller sekundären praktischen Regeln — die er mit aller Entschiedenheit lehrte, mußte ihm die Möglichkeit von Ausnahmen auch auf diesem Gebiete nahe legen.

Es würde von Bentham gebilligt werden, was v. Wieser in seiner Schrift „Recht und Macht" (Leipzig 1910) schreibt: „. . . die Freiheit kann niemals ein letztes Prinzip sein, sie ist immer nur Mittel zu dem Zwecke des allgemeinen Wohls, und das allgemeine Wohl allein darf den Ausschlag für die Entscheidung geben "

Und so anerkennt denn auch Bentham, daß zur zeitweiligen Abhilfe und in zeitweiliger Notlage gesetzliche protektionistische Maßnahmen gerechtfertigt sein können.

Doch wenn ich dies auch einräume, so ist doch unzweifelhaft, daß Bentham einer der energischsten Vertreter des Freihandelsprinzipes gewesen ist.

Er bekennt sich mit Begeisterung als Schüler von Adam Smith, hat aber auch eine Reihe origineller, nationalökonomischer Schriften [1]) verfaßt, von denen seine Verteidigung des Zinsnehmens 'defence of usury' ihrerseits auf Adam Smith umstimmend wirkte, und ihn von der Vorteilhaftigkeit eines freien Kapitalverkehres überzeugte. Bentham hat damit, wie Mohl schreibt, „einen mächtigen Anstoß gegeben, zu größerer Freiheit des Kapitalmarktes".

Wie Bentham in dieser Frage für Freiheit des wirtschaftlichen Verkehrs eintrat, so schrieb er auch eine Abhandlung Observations on the restrictive and prohibitory commercial system, in welcher er die Schutzzölle bekämpfte.

„Die philosophische Basis", so bemerkt Hoffmann,[2]) „ergibt

---

[1]) Einen Einfluß Benthams auf William Thompson in der Distributionsfrage stellt Lujo Brentano fest in „Die Entwicklung der Wertlehre". München 1908. — Einer der bedeutendsten englischen Nationalökonomen und Logiker Englands, Jevons, bekennt sich als Anhänger Benthams. Benthams Wertaxiome stellt er an die Spitze seines Werkes. J. Baptist Say zitiert Bentham an vielen Orten seines einflußreichen Handbuchs. Vgl. Lujo Brentano a. a. O. und Kaulla, Die geschichtliche Entwicklung der modernen Werttheorien. Tübingen 1906. Die Wesenseinheit des sog. Gossenschen Gesetzes mit Benthams Lehre von der Wertabnahme habe ich nachgewiesen in meiner Schrift „Zur Theorie des Wertes", Halle 1901. Vgl. Marshall, Principles of Economics, S. 166, Anm.

[2]) Friedrich Hoffmann, „Jeremias Bentham und Adam Smith" im Jahrbuch für Gesetzgebung, Verwaltung und Volkswirtschaft (jetzt Schmollers Jahrbücher), 1910, 34. Jahrgang.

sich daraus, daß das Schutzzollsystem auf einem selbstsüchtigen Prinzip aufgebaut sein soll, die Selbstsucht aber mit dem größten Glück der größten Zahl nicht verträglich ist (S. 71).

„Die beste, der Zeit am weitesten voraneilende Verteidigung des Freihandelsgedankens ist die klare Gegenüberstellung des Produzenteninteresses und des Konsumenteninteresses. Das erstere, das Sonderinteresse, trete zwar stets mit besonderer Kraft auf, den Ausschlag geben könne aber schließlich allein das letztere, das allgemeine Interesse“ (S. 72).

Im innigsten Zusammenhange mit seinen freihändlerischen Tendenzen steht sein Ruf nach Emanzipation der Kolonien, den er sowohl in selbständigen Schriften (Emancipate your colonies) als auch in der vorliegenden Arbeit zu rechtfertigen trachtete. Nicht daß er schlechthin geleugnet hätte, daß die Gründung von Kolonien nützlich sein könne, er bekämpfte nur die Monopolisierung des Handels mit ihnen, trat für eine Politik der „offenen Türe“ ein und war Gegner imperialistischer Tendenzen.

Es ist von anderen darauf verwiesen worden, daß er die Produktivität des Handels mit unstichhaltigen Gründen bestritten und die Ausdehnung des Absatzgebietes nicht in ihrer wahren Bedeutung gesehen habe, indem er die Größe des Handels von nichts anderem als von der Größe des „Kapitals und des Kredits“ abhängen ließ, wobei er wiederum die Begriffe Kapital, Vermögen und Reichtum nicht genau schied.[1])

Was immer man noch an den Gedankengängen Benthams hier auszusetzen finden mag, so scheint doch eines sicher: selbst Verteidiger von Schutzzöllen sollten nicht übersehen, daß diese als interimistische und abnormale Institutionen zu betrachten sind, die sich zum freien Handel verhalten wie die Ausnahme zur Regel.[2]) Auch die Auffassung, die Bentham von der politischen Unabhängigkeit der Kolonien und der Abschaffung der gegen-

---

[1]) Vgl. besonders Hoffmann a. a. O.

[2]) Man vgl. z. B. die Würdigung des Für und Wider bei Lexis im Staatswörterbuch, Artikel Handelspolitik: „Der Freihandel erscheint allerdings immer als das naturgemäße System, und die gewaltige Macht der modernen Verkehrsmittel wirkt offenbar in seinem Sinne und wird ihm bei ungestörter Entwicklung der menschlichen Kultur schließlich den Sieg verschaffen.“ Vgl. Conrad, Grundriß zum Studium der politischen Ökonomie, II. Volkswirtschaftspolitik, Halle 1908.

seitigen Handelsmonopole zwischen Mutter- und Tochterland hegte, findet die Zustimmung angesehenster Forscher; und speziell als Mittel für einen dauernden Frieden wird das Rezept Benthams auch in unseren Tagen vertreten.

Lujo Brentano, der berühmte Nationalökonom der Münchner Universität, schreibt im Archiv für Sozialwissenschaft (Tübingen, 40. Band, I. Kriegsheft) in einer Abhandlung: der Krieg und die Verhütung seiner Wiederkehr; offene Antwort an Henri Lambert, Industriellen in Charleroi, Belgien.

„Mit Recht erblickt er (Lambert) das Mittel, um die Völker Europas in ehrlichem Zusammenarbeiten zu vereinen, ‚in dem freien Austausch ihrer Produkte, welcher die Völker in ein wirtschaftliches Ganzes verflicht‘, und ebenso richtig erblickt er die letzte durchschlagende Ursache des gegenwärtigen Krieges in der Handelseifersucht, welche die Absperrung der Absatzmärkte durch Schutzzölle in allen Völkern gezeitigt hat.“

Auch Lujo Brentano sieht das Heilmittel in dem Öffnen der Märkte, in der Vereinigung der europäischen Völker zu gemeinsamer Erschließung der Kolonien und in der gleichen Behandlung der Angehörigen aller Völker auf sämtlichen Kolonialmärkten, d. h. in der ehrlichen Durchführung des Prinzipes des offenen Tores.

Aber er schließt die außerordentlich lesenswerte Abhandlung mit den Worten: „Die Wichtigkeit der von Ihnen so anerkennenswert behandelten Frage, wie eine Wiederkehr eines so furchtbaren Ereignisses, wie es der gegenwärtige Krieg ist, vorgebeugt werden könne, zwingt zu eingehender Begründung der Behauptung, daß Beseitigung der den internationalen Austausch hemmenden Zölle und auch die ehrlichste Durchführung des Prinzipes des offenen Tores in den Kolonien allein nicht ausreichen würden, einer solchen Wiederkehr vorzubeugen. Selbst wenn alle die Nationen heute trennenden Zollschranken fielen und alle europäischen Nationen zu gemeinsamer Ausbeutung der Kolonien sich friedlich vereinten, kann von Sicherheit des Friedens keine Rede sein, solange es eine Macht gibt, welche als ein ihr selbstverständlich zukommendes Recht die unumschränkte Macht zur See beansprucht.[1]) Es kann sich keine Nation der Gefahr

---

[1]) Vgl. über diesen Anspruch Englands die im übrigen auf entgegengesetztem Standpunkte stehende Schrift von Prof. Eduard Meyer: England,

aussetzen, von dieser der Früchte ihres Mühens beraubt zu werden. Zur Sicherung des Friedens bedarf es also weit mehr. Dazu ist der vollkommene Schutz des Privateigentums zur See unentbehrlich. Wäre dieser wirklich wirksam, so verschwände aber bei ehrlicher Durchführung des Prinzipes des offenen Tores sogar die Notwendigkeit besonderer Kriegsmarinen der einzelnen Nationen. Man gewähre Handelsfreiheit und beseitige die zurzeit noch gestattete Seeräuberei durch die kriegführenden Staaten, und es bedarf nur mehr einer internationalen Seepolizei, ähnlich der Polizei gegen private Diebe, Räuber und Mörder." [1])

Wie Lujo Brentano so tritt auch Bentham für Freihandel und das Prinzip des offenen Tores im Zusammenhang mit der Frage nach einem dauernden Frieden ein.

Er hält beides für etwas, was objektiv gerecht ist, aber auch für etwas, was den eigenen Interessen Englands nicht widerstreitet. Ja, er bemüht sich ganz besonders den Nachweis der nationalen Vorteilhaftigkeit einer vollkommen freihändlerischen Politik zu erbringen.

Es wäre ungerecht, ihm aus diesem Bemühen einen Vorwurf zu machen.

Wenn es möglich ist, von einem menschlichen Verhalten zu beweisen, daß es nicht nur das ethisch-gebotene, gerechte ist, sondern auch demjenigen, von dem es gefordert wird, selbst zu-

---

seine staatliche und politische Entwicklung und der Krieg gegen Deutschland, bei Cotta 1915, S. 23ff. Ferner: Umfried, Der Wille zur Macht, in „Blätter für zwischenstaatliche Organisation" Nr. 3 (1915) und Alexander v. Peez, England und der Kontinent. 5. Aufl. 1915.

[1]) Im Artikel „Handelspolitik", Bd. V, schrieb 1910 Lexis: Es werde „der Wettbewerb der großen Kulturvölker um Platz und Einfluß im Welthandel in dem beginnenden Jahrhundert sich vielleicht weniger friedlich abspielen, als man in der zweiten Hälfte des 19 Jahrhunderts erwarten durfte. Der Sieger mag dabei seinen Vorteil finden; für die wirtschaftliche Entwicklung der Kulturwelt im ganzen kann aber diese verstärkte Wiederbelebung der Machtpolitik im Weltverkehr nur schädlich wirken. Beseitigung von Einfuhrverboten und sonstigen Handelshindernissen in schwächeren Ländern kann allenfalls erzwungen werden, nicht aber wirklich lohnender Warenabsatz. Zu fruchtbarem Gedeihen kommt der internationale Handel nur in friedlichem Verkehr. Der Stützpunkt, der sich, wie es scheint, bei den Großstaaten anbahnenden neuen handelspolitischen Phase ist die Seemacht, und die neu in Sicht gekommene mögliche, wenn auch nicht wahrscheinliche Gefahr ist die, daß die größte Seemacht den Versuch machen könnte, sich durch Vernichtung des Seehandels anderer Staaten von einem lästigen Mitbewerb zu befreien."

träglich, so ist das, solange die menschliche Natur sich nicht von Grund aus geändert hat, nur erwünscht.

Es scheint mir aber nicht genügend, wie dies Angell tut, nur auf dieses letztere Moment Gewicht zu legen.

„Alle politischen Übereinkommen, alle politischen Ideale", sagt er S. 203 seiner bekannten „falschen Rechnung", „werden schließlich auf diese Probe gestellt werden: Sind sie geeignet oder nicht geeignet, die Gesamtinteressen der in Betracht kommenden Volksmassen zu fördern."

Wir haben gesehen, daß Bentham über die Interessen der betreffenden Volksmasse hinaus die der ganzen Menschheit gewahrt wissen will.

„Er steht", sagt mit einem leisen Tadel Hoffmann a. a. O., „stärker im Banne internationaler Völkerbeglückungsideen als Adam Smith."

Hoffmann erhebt also gegen Bentham den entgegengesetzten Vorwurf als Wundt. Aber dieser Vorwurf gereicht dem Angegriffenen zur Ehre.

„Selbstsucht ist ein Laster, ist ein Verstoß gegen das Grundprinzip." So charakterisiert Hoffmann die Rolle, die das Wohlwollen in Benthams praktischer Philosophie spielt.

Und Bentham bekämpft ebenso die Selbstsucht des Einzelnen wie eines ganzen Volkes.

Angell vermeinte einen vernichtenden Schlag gegen den Krieg zu führen, wenn es ihm gelänge, nachzuweisen, daß keiner der kriegführenden Teile einen Gewinn aus ihm ziehen könne, und das allein scheint ihm zu genügen.

Daß die Haager Konferenz nicht die gehofften Früchte gezeitigt hat, setzt er auf Rechnung des Umstandes, daß dies ja doch nur „ein mechanisches Mittel" darstelle gegenüber einer Reformierung der Gedanken und Anschauungen.

Das ist ganz richtig; aber die Reformierung der Anschauungen genügt nicht, wenn diese Erneuerung sich lediglich auf die Mittel bezieht, eigensüchtige Ziele zu erreichen, niemals aber eine Erziehung der Menschen zu freiwilligem Verzicht auf eigene Werte zugunsten höherer fremder im Auge behält.

Daß bei allen Völkern „die Fähigkeit und Neigung, das innere Recht der anderen zu sehen",[1]) geweckt werde, ist die höchste Aufgabe. Sonst wird wahr werden, was Meyer

[1]) Paul Rohrbach, Der deutsche Gedanke in der Welt, S. 213.

in — hoffentlich unberechtigtem — Pessimismus prophezeit: „Die Ära der Internationalität ist begraben und wird nicht wiederkehren; statt ihrer werden noch weit stärker und rücksichtsloser die nationalen Bestrebungen hervortreten, der Kampf der Völker gegeneinander nicht mehr allein im friedlichen Wetteifer, sondern in weit größerem Maße mit den Waffen.“ [1])

„Fortan“ — so ruft er aus — „darf es nur noch eine Rücksicht geben, und das ist die auf unser Volk und die Notwendigkeiten, die seine Lebensbedingungen uns auferlegen.“ Wenn er aber sogleich hinzufügt: „Dem eigenen Gewissen werden wir gehorchen, und es zu schärfen und wach zu erhalten ist unsere wichtigste Aufgabe, und fremde Rechte werden wir immer anerkennen,“ so widerruft er eben hiermit die Forderung, daß es keine andere Rücksicht mehr geben dürfe als auf das eigene Volk, eine Forderung, die allezeit erfüllt zu haben den schwersten Vorwurf bildet, der mit Recht gegen die englische Politik aber mit Unrecht gegen Bentham erhoben wurde.

So sollte man denn nicht unterlassen, die Völker zu mahnen und dazu zu erziehen, ein Verhalten auch dann zu wählen, wenn es sicher im objektiven Interesse der Wertsummierung innerhalb der Menschheit liegt, aber mit einem Verzicht auf eigene Vorteile irgendwelcher Art verknüpft ist.

Es gilt eine Reformation der Anschauungen über das, was dem allgemeinen Besten dient, herbeizuführen und des Willens.

Bentham und Kant trachteten in dieser Beziehung beide zuvörderst nach dem Reiche der Gerechtigkeit.

Bentham aber beschritt gleichzeitig den Weg, den neuerdings Angell betreten und den schon Plato anempfohlen hat: den Nachweis zu führen, daß das Gerechte nicht nur schön und gut, sondern auch angenehm sei (Nomoi², II. Buch, Kapitel 8—11).

Angell unternimmt den Nachweis, „das Handel und Industrie eines Volkes nicht mehr von der Erweiterung seiner Staatsgrenzen abhängen; daß in unserer Zeit die politischen und wirtschaftlichen Grenzen einer Nation nicht unbedingt zusammenfallen müssen; daß die Militärgewalt sozial und wirtschaftlich ohnmächtig ist und mit dem Wohlstand des sie ausübenden Volkes nichts zu schaffen hat; daß es unmöglich ist, den Reichtum

---

[1]) Meyer a. a. O., S. 207 u. Schl.; Erich Marcks, „Männer und Zeiten“, Leipzig 1911, 1. Band: „Die imperialistische Idee in der Gegenwart“, S. 265f.

oder den Handel der anderen Nation sich durch Gewalt zueigen zu machen, wie es unmöglich ist, sich durch die Unterjochung einer anderen Nation zu bereichern. Kurz, der Verfasser versucht zu zeigen, daß ein Krieg, selbst ein siegreicher, nicht mehr imstande ist, jene materiellen Ziele eines Volkes zu verwirklichen.“

Der Leser der principles of international law wird sich überzeugen, daß der Grundgedanke Angells von Bentham gedacht wurde, und daß auch manche Einzelheiten in den Ausführungen beider Denker übereinstimmen.

Dies ist umso interessanter, als wir nicht den mindesten Grund haben, der Versicherung Angells, keinen zu kennen, der genau dieselben Fragen aufgerollt habe, den Glauben zu verweigern. Auch enthält Angells Schrift manches, ja vieles, was Bentham nicht gesagt hat und nicht sagen konnte.

Abgesehen davon, daß bei Angell manches schärfer und einwandfreier formuliert ist, behandelt Bentham ebenso vorzugsweise den Gegensatz zwischen England und Frankreich, wie Angell den von England und Deutschlend.

Übereinstimmend lehren beide die wirtschaftliche Unvorteilhaftigkeit militärischer und politischer Oberherrschaft, gegenseitige Rüstungsbeschränkung, Schiedsgerichte.

Es ist selbstverständlich, daß Angells Schrift durchaus modern, Benthams mitunter antiquiert ist.

Es liegt im Wesen politisch-praktischer Vorschläge sekundärer Art, daß sie mit den Verhältnissen ihre Brauchbarkeit verlieren, selbst wenn sie zu ihrer Zeit noch so gute Folgen gezeitigt hätten.

Man sieht dennoch schon aus dem Gesagten, daß die Arbeit Benthams im großen ganzen seiner Zeit weit vorangeeilt ist und daher auch heute noch nicht selten auch im einzelnen sehr aktuell erscheint.

Wäre sie es aber selbst nicht, so würde sie als historisch-philosophisches Dokument neben Kants Schrift zum ewigen Frieden einen Ehrenplatz beanspruchen.

Zeitlich geht die Abfassung des „international law“ (1786—1789) dem Kantschen Büchlein (1795) voraus.

In manchen Forderungen stimmen beide Denker überein. Ein genauerer Vergleich beider Vorschläge würde hier zu weit führen. Im wesentlichen überwiegen bei Kant formal-rechtliche, bei Bentham materiell-wirtschaftliche Erwägungen. Beide treten für die Maxime der Öffentlichkeit der Diplomatie ein.[1])

Kants Schrift ist berühmt, die Benthams nur wenigen Gelehrten bekannt.

Zwei Monographien, die sich mit dem Vergleiche beider Denker befassen, blieben mir leider — infolge der internationalen Lage — unzugänglich.[2]) Indem ich das Wort „international“ niederschreibe, bediene ich mich eines Terminus, der von Bentham selbst zum ersten Male geprägt und von der gesamten Kulturwelt übernommen wurde.

Was der Schöpfer dieses Ausdruckes über die internationalen Beziehungen der Völker gedacht hat, verdient — wie ich glaube — auch allgemeine Beachtung.

Wundt hätte seine unwahren Anklagen nicht zu erheben vermocht, ohne allgemeine Zurückweisung zu erfahren,[3]) wenn man von Bentham und seinem Werk bei uns mehr wüßte.

---

[1]) In unserer Zeit gesellt sich zu dieser Forderung noch die nach Publizität auch in dem anderen Sinne, daß Diplomatie nicht mehr zur ausschließlichen Kompetenz einer Kaste gehöre. Vgl. Rohrbach S. 197.

[2]) Briout, L'idée de paix perpétuelle de J. Bentham (Paris 1905) und Seroux d'Agincourt, Exposé des projets de paix perpétuelle de l'abbé de Saint-Pierre, de Bentham et de Kant (Paris 1905); zitiert bei Giorgio Del Vecchio.

[3]) Unglaublicherweise ist aber Wundt noch übertrumpft worden von dem bekannten nationalökonomischen Schriftsteller Werner Sombart in der Flugschrift „Händler und Helden“, Patriotische Besinnungen, München 1915. Während Wundt in seiner Rede den großen Vorgängern Benthams Verehrung und Dankbarkeit zollt, wird die ganze englische Philosophie von Sombart als nichtswürdig hingestellt. Viele der englischen Philosophen waren zugleich vortreffliche Nationalökonomen, und darum scheint Sombart zu glauben, sie müßten minderwertige Philosophen gewesen sein; das ist ebensowenig berechtigt, als wenn einer sich einbildete, weil er ein minderwertiger Nationalökonom sei, müsse er darum ein vorzüglicher Philosoph sein. Ferner übt Sombart philosophische Kritik an dem Satze Spencers: „Es steht jedermann frei zu tun, was er will, soweit er nicht die gleiche Freiheit jedes anderen beeinträchtigt“ (Ethik II, § 27); Kant aber ist ihm — abgesehen natürlich von der „traurigen Schrift des alten Kant über den ewigen Frieden“ — der große Philosoph. Und doch hat dieser selbe Kant in seiner Metaphysik der Sitten (§ C) folgendes gesagt: „Eine jede Handlung ist recht, die oder nach deren Maxime die Freiheit eines Jeden mit Jedermanns Freiheit nach einem allgemeinen Gesetze zusammen bestehen kann.“ Ist da der Unterschied zwischen Spencer und Kant so groß, daß darum Spencer als ein kommerzieller Flachkopf hingestellt

Über die vier Abhandlungen schreibt Mohl (I, 384): „Es ist nicht möglich, ein bezeichnenderes Muster von der staunenswerten analytischen Kraft, der engen geschlossenen Logik, der völligen Furchtlosigkeit selbst vor einer Absurdität der Folgesätze, der Gedrängtheit der Worte und Gedanken Benthams aufzuweisen, als diese kleine Arbeit über das Völkerrecht. Wer den Mann etwa noch nicht kennen sollte, der kann ihn hier in seiner ganzen Eigentümlichkeit vor sich sehen."

In dem dritten Bande des genannten Werkes heißt es: „Es ist zu bedauern, daß Bentham diesem Teile der Staatswissenschaften keine gründlicheren und ausführlicheren Erörterungen gewidmet hat. Gerade hier wäre seine scharfe Logik und seine

---

zu werden verdient? Eine treffende Erwiderung ist übrigens Herrn Sombart von Dr. Robert Drill in der „Frankfurter Zeitung" vom 11. April 1915 zuteil geworden in einem Artikel: „Engländer und Deutsche im Bilde des Herrn Professor Sombart." Und wie eine Erwiderung auf Wundt und Sombart liest sich, was Geheimrat Lujo Brentano in einem aufsehenerregenden Artikel in der Weihnachtsnummer der „Neuen Freien Presse" 1914 geschrieben hat: „Kein Zweifel, daß das ganze englische Volk die Verantwortung dafür tragen muß, daß es seinen Regierenden eine für die gesamte Welt so verhängnisvolle Politik gestattet hat. Deshalb aber sollte man doch keinen Augenblick vergessen, daß es keineswegs das ganze englische Volk ist, welches dieser heuchlerischen Gewaltpolitik huldigt. Es ist vielmehr eine fast ans Verbrecherische grenzende Torheit, wenn selbst vielgenannte Schriftsteller den Haß gegen England an sich predigen und zur Begründung dieses Hasses auf die Nützlichkeitsphilosophie von Bacon bis zu den heutigen englischen Philosophen verweisen, in der Auflehnung des deutschen Idealismus gegen den englischen Utilitarismus wurzle der berechtigte deutsche Haß gegen England. So etwas zu sagen, zeigt nur phrasenreiche Unwissenheit und beispiellose Frivolität. Haben doch gerade in den letzten Jahrzehnten die Engländer sich vielfach der deutschen Philosophie zuzuwenden begonnen. Auch hat nicht ein Konflikt zwischen dem deutschen Idealismus und dem englischen Utilitarismus zum gegenwärtigen Kriege geführt, sondern der berechtigte utilitarische Anspruch der Deutschen, ebenso für die freie Entfaltung ihrer Kräfte sorgen zu dürfen, wie dies die Engländer tun. Den Gipfel der Verdrehung aber bedeutet es, die Engländer als Utilitarier in dem Sinne hinzustellen, als ob sie, keiner idealen Gedankengänge fähig, nicht bereit seien, dem Individuum Opfer zugunsten des Ganzen zuzumuten. Der Unterschied zwischen der Staatsphilosophie der Deutschen und dem Utilitarismus besteht vielmehr darin, daß das Opfer, das dem Einzelnen zugunsten des Ganzen zugemutet wird, nach den einen dem Staate als selbständiges Wesen gedacht, nach den anderen dem Glück der größtmöglichen Zahl gebracht werden soll." — Sombart allerdings nennt (S. 19) dieses Ziel ein „hundsgemeines Ideal". Über den Staat als selbständiges Wesen vgl. oben S. 38.

das allgemeine Glück der Menschen bezweckende Richtung vorzugsweise an der Stelle gewesen, und bei der (heute) noch so geringen Durchbildung der letzten Zwecke und des Systems hätte er große Dienste leisten können".

Freilich bedürfen auch bei Bentham die letzten Zwecke noch weiterer Durchbildung; wir haben nicht unterlassen zu zeigen, daß es sich nicht um den Nutzen für die größtmögliche Lustsummierung allein handeln könne, sondern daß alle seelischen Werte, und die anderen sogar in vorzüglichem Maße Berücksichtigung verdienen, und daß keinem Individuum als solchem vor dem anderen ein Vorzug zukommt, sondern nur sofern es Vorzüglicheres leistet.

Der Hedonismus ist unzulänglich. Wer aber Bentham wegen seines hedonistischen Standpunktes schmähen wollte, der müßte auch Lotze und mehr noch Fechner herabwürdigen; und doch gehören beide zu den Zierden deutscher Philosophie.

Und das wird wohl selbst Wundt nicht vergessen haben, der einst Fechners Schüler gewesen ist.

Soll es also überhaupt eine Ethik und praktische Philosophie und Politik geben, so ist es jene, die den Grundsatz des größtmöglichen Nutzens oder des allgemeinen Besten in methodischer Weise befolgen lehrt.

Sie allein ist eine wahrhaft praktische Sozial-Ethik, die nie übersieht, daß der Mensch ein soziales Lebewesen ist, dessen Handlungsweise stets von dem Gedanken geleitet sein soll, ob sich deren Maxime zum allgemeinen sozialen Gesetz qualifiziere. Eine Vereinigung des Richtigen am Benthamschen Utilitarismus und des Richtigen am Kantschen Apriorismus ist, wie Sidgwick[1]) schon erkannt hat, der richtige Weg. Beides ist in der Wertlehre Franz Brentanos in vollkommenster Weise geleistet.[2])

Ein Irrtum ist es, wenn Mohl meint, Bentham habe ein

---

[1]) Henry Sigdwick, Methods of Ethic, deutsch von Bauer, Leipzig 1909.

[2]) In dem zitierten Buche „Vom Ursprung sittlicher Erkenntnis". — Das ebenfalls oben erwähnte Büchlein „Die Entwicklung der Wertlehre" stammt von Lujo Brentano, dem Bruder des Philosophen, und behandelt lediglich die wirtschaftliche Wertlehre. — Den Zusammenhang von primärem und wirtschaftlichem Werte behandelt außer meiner Benthamstudie 1901 auch meine Abhandlung „Die Grundlagen der Werttheorie" in den Philos. Jahrbüchern 1914.

System des Völkerrechts geben wollen; durchaus nicht; nichts anderes als leitende Grundsätze für ein künftiges Völkerrecht und einen dauernden Frieden — nicht ein „international law“ sondern „principles of international law“. Auch nicht „Grundlinien“, wenn darunter ein „Grundriß“ gemeint ist.

Georgio Del Vecchio a. a. O. S. 13 bemerkt, es sei ein Irrtum, wenn man alle Kriege aus rein wirtschaftlichen Gründen ableiten wollte und tadelt Bentham, „der den Krieg hauptsächlich aus der Begierde nach Kolonialbesitz ableitete und seinen Plan eines ewigen Friedens auf den Vorschlag einer allgemeinen Preisgabe der Kolonien gründete“. Das ist nicht ganz zutreffend. Bentham nennt eine ganze Reihe verschiedener Ursachen für Kriege, darunter auch den von Del Vecchio erwähnten religiösen Haß, sowie nationale Motive. Auch den Plan eines ewigen Friedens aber gründet Bentham auf mehrere Gedanken; die Frage des politischen „Besitzes von Kolonien“ spielt dabei eine große Rolle und der gegenwärtige Weltkrieg gibt ihm sowohl darin Recht, daß er dem Kolonialproblem Bedeutung für die Frage: Krieg oder Frieden? zusprach als auch insbesondere darin, daß wirtschaftliche Interessen die wirksamsten sind.[1])

Bei Fried, Handbuch der Friedensbewegung 1905 lesen wir: „Bentham brachte (1789) das Friedensproblem zuerst mit einer Reform des Völkerrechtes in Zusammenhang und forderte die Ausarbeitung eines internationalen Rechtskodex, der die Rechte und Pflichten der Nationen festzustellen habe. Bei seinen zahlreichen Forderungen und Vorschlägen über die Verhinderung der Kriege und die Durchführung einer völkerrechtlichen Friedensorganisation ist es am interessantesten, daß er bereits die allgemeine Entwaffnung nicht für undurchführbar hielt und das er in den Schiedsgerichten den einzig möglichen Weg zur Herbeiführung eines dauernden Friedens erblickt, selbst wenn

---

[1]) Werner Sombart in seinem Buche „Krieg und Kapital“ 1913 (bei Duncker u. Humblot) rechnet freilich eine solche Meinung zu einer abgewirtschafteten „materialistischen Geschichtsauffassung“. Indes braucht jemand, der lehrt, daß die Kriege vorzugsweise ökonomisch bedingt sind, die Wirksamkeit anderer Motive nicht zu leugnen. Daß nicht nur der Kapitalismus Krieg, sondern auch der Krieg Kapitalismus erzeugt, weiß im übrigen jeder, der Zeitungen liest.

es nicht gelänge, dieses Schiedsgericht mit einer zwingenden Gewalt auszustatten".

Der Rat des internationalen Friedensbureaus veröffentlicht in der Friedenswarte, XVII. Jahrgang 1915 einen Aufruf an die Friedensgesellschaften aller Länder.

Die Vorschläge sind kurz zusammengefaßt, folgende:

1. Intervention der Neutralen bei dem künftigen Friedensschluß.

2. Hierbei Respektierung des Rechtes für die Völker, selbst über sich zu bestimmen. Keinerlei Annexion soll stattfinden können ohne freie Zustimmung der Bevölkerung. In den Ländern mit verschiedenartiger Bevölkerung sollen die Rechte der Minderheiten garantiert werden.

3. Organisation einer ständigen internationalen Rechtsprechung.

4. Beschränkung der Rüstungen. Enteignung der zur Herstellung von Kriegsmaterial dienenden Industrie.

5. Öffentlichkeit der Diplomatie. Alle Geheimverträge und alle Vereinbarungen, die nicht von erwählten Volksvertretungen Billigung gefunden haben, sollen keinerlei Gültigkeit haben.

6. Unterdrückung und Verbot jedweder Offensiv- und Defensivbündnisse.

7. Anwendung des Prinzipes der „offenen Türe" für die Kolonien. Anbahnung von Freihandelsbeziehungen zwischen den Mutterländern. Abschaffung von Handelsprivilegien zugunsten eines Staates oder einer Staatengruppe.

8. Gerichtliche Strafverfolgung in allen Ländern gegen Verleumdungen und Beleidigungen, die sich durch die Presse oder irgend ein anderes Mittel der Publizität gegen fremde Nationen richten.

9. Einberufung der Haager Konferenz, die vor allem die Aufgabe haben wird, ihrem ständigen Charakter Ausdruck und Geltung zu verleihen und ihren selbständigen Zusammentritt zu sichern.

Jene Gedanken aus diesen acht Vorschlägen, die Bentham ausgesprochen, oder an die er wenigstens gerührt hat, habe ich durch Sperrdruck hervorgehoben.

Der Vergleich dieser Vorschläge mit den Benthamschen ergibt eine Übereinstimmung in den meisten Punkten, sie sind zum größten Teil eine Formulierung Benthamscher Postulate!

Beneke hat uns einen Ausspruch Benthams überliefert, den er „ohne alle Affektation oder Stolz“ getan habe: „Ich wünschte wohl, daß jedes der Jahre, die mir noch zu leben übrig sind, am Ende eines der Jahrhunderte läge, welche auf meinen Tod folgen werden: dann würde ich Zeuge des Einflusses sein, welchen meine Werke ausüben werden.“

Im innerstaatlichen Leben waren die praktischen Wirkungen Benthams groß. Besonders auf dem Gebiete der Kriminalpolitik.

Möge nun endlich auch die internationale Politik des 20. Jahrhunderts mehr als ihren bloßen Namen von Bentham übernehmen.

„Es ist nicht ganz unwahrscheinlich“ — äußerte sich jüngst Tönnies,[1]) „daß der gegenwärtige Weltkrieg nicht nur, früher oder später, den festen Willen zur Wiederherstellung des Friedens

---

[1]) „Der Friede“ von Univ.-Prof. D. Ferd. Tönnies in „Deutsche Arbeit“, Monatsschrift für das geistige Leben der Deutschen in Böhmen. Herausgegeben von der Gesellschaft zur Förderung der deutschen Wissenschaft, Kunst und Literatur in Böhmen. 14. Jahrgang 2. Heft. November 1914. — Auch andere Autoren versprechen sich günstige Folgen für die Menschheitsentwicklung von dem gegenwärtigen Weltkriege. Über die „wohltätigen Folgen“ des Krieges im allgemeinen und des tripolitanischen Raubzuges im besonderen verbreitet sich Giorgio Del Vecchio in der zitierten Arbeit bezw. in einem Anhange. Bekannt ist der Ausspruch Moltkes von dem Kriege als notwendigem Übel der göttlichen Weltordnung. — Im Archiv für Sozialwissenschaft (1. Kriegsheft, 40. Bd.) erhofft Edgar Jaffé von dem gegenwärtigen Kriege einen „ungeheueren Ruck nach vorwärts“ in gemeinwirtschaftlicher Richtung. Diese und ähnliche Äußerungen möchte ich nur vor dem Mißverständnis bewahren, als ob wir Menschen einen anderen Standpunkt annehmen dürfen als eben den menschlichen, der zugleich der menschliche im Sinne des Humanen ist. Gibt es eine göttliche Weltordnung — und ich zweifle nicht daran —, dann ist dem Kriege seine teleologische Rolle in ihr zugeteilt; ebenso aber jeglichem anderen Geschehen, wie z. B. den scheußlichsten Verbrechen. Wir haben den Standpunkt menschlicher Voraussicht und nicht den der göttlichen Vorsehung einzunehmen, mag es sich um den Entschluß eines Staatsmannes oder um den eines Privatmannes handeln. Was ist das beste unter dem für uns Erreichbaren? ist die einzige Frage, die es in praktischer Hinsicht zu beantworten gibt, wie Bentham nach dem Vorbilde anderer gelehrt hat.

auslöse, sondern auch die Idee des Weltfriedens und die Erkenntnis seiner wesentlichen Bedingungen neu beleben wird. Der humane Gedanke in der Welt wird sich zwar immer von neuem knebeln und ersticken lassen, aber er kann nicht vertilgt werden".

Dies war auch die Überzeugung des vielgeschmähten Bentham: „Es wird die Zeit kommen, wo die Menschlichkeit alles, was atmet in ihren Schutz nehmen wird. Man hat damit angefangen, für das Los der Sklaven mitempfindend Sorge zu tragen, und wird damit enden, das Los der Tiere zu mildern, welche für unsere Bedürfnisse arbeiten" (S. 200 seiner Grundsätze der Zivil- und Kriminalgesetzgebung).

Wer ist nun im Rechte: Wundt oder John Stuart Mill, der den Ausspruch tat: „Bentham gehört also an eine Stelle unter den Meistern der Weisheit, unter den großen Lehrern, die ewig die geistigen Zierden des Menschengeschlechtes bleiben werden?"

Und wer ist im Rechte: Wundt, der den Gedanken verpönt, daß das sinnliche, geistige und sittliche Wohl von Individuen ein opferwürdiges Ziel sei, oder Bentham, der das Beste einer möglichst großen Zahl von Individuen als Ideal betrachtet?

Goethe wenigstens, hat sich in dieser Frage auf Seite seines „Freundes", des „radikalen Narren" gestellt, als er seinen Faust am Ende seiner Tage keinen anderen Wunsch aussprechen läßt als diesen:

„Ein Sumpf zieht am Gebirge hin,
Verpestet alles schon Errungne;
Den faulen Pfuhl auch abzuziehn
Das Letzte wär', das Höchsterrungne:
Eröffn' ich Räume vielen Millionen,[1])
Nicht sicher zwar, doch tätig frei zu wohnen.
Grün das Gefilde, fruchtbar; Mensch und Herde
Sogleich behaglich[2]) auf der neuen Erde,

[1]) „vielen Millionen"! Wundt würde, wenn zugegen, Fausten sicherlich gefragt haben: „Worin soll der besondere Wert dieser Wiederholung bei vielen Millionen eigentlich bestehen?" (vgl. oben S. 27). Und das soll das Letzte und „Höchsterrungene" sein? Ein „hundsgemeines Ideal", sagt Sombart.

[2]) „behaglich"! Das ist ja geradezu hedonistisch! epikuräisch! das ist ja das Baconsche „commodum" und „commodity"! Wundt tadelt hier unseren Faust ganz besonders: „Ist das individuelle Lustgefühl sittlich wertlos, so ist es auch das Lustgefühl vieler oder aller!" Und nun gar „Mensch und Herde"!!

Gleich angesiedelt an des Hügels Kraft,
Den aufgewälzt kühn-ems'ge Völkerschaft.
Im Innern hier ein paradiesisch Land,
Da rase draußen Flut bis auf zum Rand,
Und wie sie nascht, gewaltsam einzuschließen,
Gemeindrang eilt,[1]) die Lücke zu verschließen.
Ja! diesem Sinne bin ich ganz ergeben,
Das ist der Weisheit letzter Schluß:
Nur der verdient sich Freiheit wie das Leben,
Der täglich sie erobern muß.
Und so verbringt, umrungen von Gefahr,[2])
Hier Kindheit, Mann und Greis sein tüchtig Jahr.

---

welcher Tiefstand der Auffassung! Goethe scheint noch nicht gewußt zu haben, was Wundt der Welt verkündet: „daß eine Summe individuell zersplitterter Glückseligkeiten kein Gut ist, für das sich ein menschliches Herz zu erwärmen vermöge" — und nun gar das Wohlbefinden und die Behaglichkeit der Wiederkäuer! „ein „hundsgemeines Ideal"! Wie konnte nur Goethe seinen Faust im Vorgefühl von solchem hohen Glück den höchsten Augenblick genießen lassen?!

[1]) „Gemeindrang eilt"! Das ist ja der auf den Benthamschen „Gemeinnutzen" gerichtete Drang! nur in ein poetisch brauchbareres Wort gekleidet!

[2]) „Nun konstruiert Goethe-Faust", so raisonniert Sombart S. 127, „eine ‚Gefahr' für sein Völkchen, die freilich jeder Pazifist willkommen heißen möchte, ja, die so recht nach seinem Herzen ist; sie zu beseitigen, gilt es ‚Dämme zu schaufeln', statt die Schwerter zu schwingen. Aber leider; die Goethesche Konstruktion ist aller Realität bar" ... „Nur eine Gefahr gibt es, die eine Gemeingefahr ist: die Bedrohung des Vaterlandes durch auswärtige Feinde." Ich meine, daß Goethe seine dichterische Symbolik klar genug gestaltet hat; er ist der Überzeugung, daß der Mensch der Gefahr bedarf, um nicht zu erschlaffen — gewiß! — Ich will aber nur feststellen, daß er in seinem Faust als der Weisheit letzten Schluß den gemeinsamen Kampf gegen jene Gefahren bezeichnet hat, die der Menschheit von der Natur drohen, und nicht der Kampf des Menschen gegen den Menschen. Wenn es hiefür noch eines Beleges bedürfte, so beriefe ich mich auf den 4. Akt des II. Teiles, 1. Szene:

„Da faßt ich schnell im Geiste Plan auf Plan:
Erlange dir das köstliche Genießen,
Das herrische Meer vom Ufer auszuschließen,
Der feuchten Breite Grenzen zu verengen,
Und, weit hinein, sie in sich selbst zu drängen.
Von Schritt für Schritt wußt' ich mirs zu erörtern.
Das ist mein Wunsch, den wage zu befördern!
(Trommeln und kriegerische Musik ...)
Mephistopheles: Wie leicht ist das! — Hörst du die Trommeln fern?
Faust: Schon wieder Krieg! Der Kluge hört's nicht gern." —

Im übrigen verweise ich auf Prof. Ritter, Weimar, der in der „Friedens-

Solch ein Gewimmel möcht ich sehn,
Auf freiem Grund mit freiem Volke stehn,
Zum Augenblicke dürft ich sagen:
Verweile doch, du bist so schön,
Es kann die Spur von deinen Erdentagen
Nicht in Äonen untergehn. —
Im Vorgefühl von solchem hohen Glück
Genieß ich jetzt den höchsten Augenblick.

Eine andere Äußerung Goethes entnehme ich dem schon zitierten Artikel von Krämer. In dem Buche „Briefwechsel und mündlicher Verkehr zwischen Goethe und dem Rate Grüner". Leipzig 1853, heißt es: „Goethe wies nach, wie die angeborenen Verschiedenheiten der Begriffe und Gefühle, oder besser gesagt, der Weise zu begreifen und zu fühlen, welche sowohl ganzen Stämmen als einzelnen Menschen eigentümlich und die Folgen von Neigungen und Stolz und verkehrten Ansichten oder leidenschaftlichen Überhebungen sind, sich mit der Zeit bei der blinden Menge zu unübersteiglichen Grenzen gestalten, welche die Menschheit so zerteilen, wie Gebirge oder Meere die Landschaften abgrenzen. Daraus gehe nun für die Höhergebildeten und Besseren die Pflicht hervor, ebenso mildernd und versöhnend auf die Beziehungen der Völker einzuwirken wie die Schiffahrt zu erleichtern, oder Wege über Gebirge zu bahnen. Der Freihandel der Begriffe und Gefühle steigert ebenso wie der Verkehr in Produkten und Bodenerzeugnissen den Reichtum und das allgemeine Wohlsein der Menschheit. Daß das bisher nicht geschehen sei, liege an nichts anderem als daran, daß die internationale Gemeinsamkeit keine festen moralischen Gesetze und Grundlagen habe, welche doch im Privatverkehre die unzähligen individuellen Verschiedenheiten zu mildern und in ein mehr oder minder harmonisches Ganze zu verschmelzen vermögen."

Man sieht in Goethe die Verkörperung des deutschen Genius und überschüttet Bentham wegen seines undeutschen Utilitarismus mit Verachtung! Das ist geradezu lächerlich.

Goethe bittet Eckermann um eine Charakterisierung der Saint-Simonisten.

---

warte", XV. Jahrg., S. 101 einen Aufsatz „Goethe über den Krieg" veröffentlicht hat, worauf Wolfgang Krämer, München, im XVI. Jahrg., Heft 2 „Nochmals Goethe über den Krieg" sprechen läßt, sowie auf die Notiz „Pazifistisches von Goethe" in Heft 1 desselben Jahrganges.

„Die Hauptrichtung ihrer Lehre", sagt Eckermann, „scheint dahin zu gehen, daß jeder für das Glück des Ganzen arbeiten solle, als unerläßliche Bedingung des eigenen Glückes."

„Ich dächte", erwiderte Goethe, „jeder müsse bei sich selber anfangen und zunächst sein eigenes Glück machen, woraus denn zuletzt das Glück des Ganzen unfehlbar entstehen wird. Übrigens erscheint jene Lehre mir durchaus unpraktisch und unausführbar. Sie widerspricht aller Natur, aller Erfahrung und allem Gang seit Jahrtausenden." (S. 243 der Reclamschen Ausgabe.)

Wehe! wenn dies Bentham gesagt hätte, aber quod licet Jovi . . !

Und ebenso ist es mit der nächsten Äußerung Goethes. Eckermann räumt ein, daß das für die „private Ethik" gelte, aber „wenn man nun die Erreichung des möglichsten Glückes für ein ganzes Volk nicht zum Prinzip macht, von welcher Basis soll da die Gesetzgebung ausgehn?"

„Wenn Sie da hinaus wollen", erwiderte Goethe, „so habe ich freilich gar nichts einzuwenden. In solchem Falle könnten aber nur sehr wenige Auserwählte von ihrem Prinzip Gebrauch machen. Es wäre ein Rezept für Fürsten und Gesetzgeber; wiewohl es mir auch da scheinen will, als ob die Gesetze mehr trachten müssen, die Masse der Übel zu vermindern, als sich anmaßen zu wollen, die Masse des Glücks herbeizuführen."

Das deckt sich mit den Lehren Benthams; nur schränkt Goethe auf die Fürsten ein, was Bentham schlechthin zum allgemeinen Gesetze erhebt.

Es scheint somit, daß Goethe die Lehren Benthams nicht näher gekannt hat und nur aus Berichten etwas über die politischen Umsturzideen Benthams wußte; anders kann man sich sein Urteil über den „radikalen Narren"[1]) nicht erklären. Besonders, wenn man gar nun hört, wie manchesterlich Goethe sich weiter äußert: „Meine Hauptlehre aber ist vorläufig diese: Der Vater sorge für sein Haus, der Handwerker für seine Kunden, der Geistliche für gegenseitige Liebe, und die Polizei störe die

---

[1]) Besonders auch, wenn man den sozialen Radikalismus des alten Faust beachtet. Goethe charakterisiert sein Verhältnis zu Bentham: „er will niederreißen, und ich will erhalten und aufbauen". Und sein Faust? Er läßt den Besitz der friedlichen und guten Alten ‚Philemon und Baucis' niederreißen, um — wie Eckermann sagt — „vorher reine Bahn zu machen".

Freude nicht!!!" Laissez faire, laissez aller in reinster Form! So weit ist Bentham nie gegangen.

Eines aber sieht man aus all dem: wenn Goethe deutsch ist, so ist der richtig verstandene Utilitarismus dem deutschen Geiste nicht entgegengesetzt. Es ist abgeschmackt und verderblich, derartige Schlagwörter unter die Menge zu streuen und so jedes vernünftige Denken systematisch zu untergraben.

Es handelt sich um nichts Geringes, Es handelt sich um die Zukunft der Menschheit und deren Gestaltung; mit rhetorischen Phrasen wird man hier nichts zum allgemeinen Besten beitragen.

Es gibt keinen Gegensatz zwischen Idealismus und Utilitarismus; ein idealer Utilitarismus ist vielmehr das einzige, wovon die Menschheit Heil erhoffen kann.

„Sich so nützlich machen wollen als möglich" — welche höhere Forderung könnte an die Menschen ergehen? Und nützlich, wofür? Für das größtmögliche Wachstum der objektiven seelischen Werte und Vorzüge innerhalb der gesamten gegenwärtigen und künftigen, unserem Einfluß erreichbaren Lebewelt. Es gibt kein anderes praktisches Ideal; und somit keinen anderen praktischen Idealismus als den von uns vertretenen neo-utilitarischen. Er fordert allerdings eine metaphysische Ergänzung; denn die Hoffnung, daß unser Bemühen kein fruchtloses sein und in alle Zukunft, immer höhere Werte zeugend, nachwirken werde, ist nur dann eine gerechtfertigte, wenn sie in einer wissenschaftlich gesicherten optimistischen Weltanschauung gegründet ist.

Jeremy Bentham,

Prinzipien des internationalen Rechtes.

Übersetzt von Dr. C. Klatscher.

Mit Anmerkungen des Herausgebers.

II.

Vorbemerkung des englischen Herausgebers
(John Bowring, 1843).

Die Originalmanuskripte der folgenden Abhandlungen bestehen aus „projet matiere“, „marginata“ und Fragmenten. Unter der ersteren Bezeichnung verstand Bentham den Inhalt von Paragraphen, die er zu schreiben beabsichtigte, unter der zweiten den Inhalt von Paragraphen, die er geschrieben hatte. Mit Hilfe dieser zwei Gruppen von Papieren wurden die Fragmente geordnet und die Verbindung zwischen ihnen hergestellt.

Bei dieser Gelegenheit wie bei jeder anderen war das Ziel des Herausgebers, ohne eigene Zutat das wiederzugeben, was Bentham über jeden einzelnen Gegenstand gesagt hat. Dadurch rechtfertigt sich die Unvollständigkeit der Abhandlungen und der Umstand, daß über einige Punkte nur Andeutungen dessen vorhanden sind, was Bentham zu erörtern beabsichtigte.

Die hier veröffentlichten Handschriften tragen die Daten 1786—1789.[1])

---

1. Abhandlung.

Die Ziele des internationalen Rechtes.

Wenn ein Weltbürger ein allgemeines internationales Gesetzbuch zu verfassen hätte, was würde er sich zum Ziele (object) setzen? Es wäre der allgemeine, gleichmäßige Nutzen aller Nationen. Dies wäre seine Neigung und seine Pflicht. Ist nun die Pflicht eines speziellen Gesetzgebers, der für eine besondere Nation zu wirken hätte, dieselbe wie die des Weltbürgers oder nicht? Die Mäßigung, die bei einem einzelnen in Verfolgung seiner eigenen Zwecke eine Tugend ist, würde sie zu einem Laster oder zum Verrat bei einem Politiker, der von einer ganzen Nation damit beauftragt wird? Wäre es genügend für ihn, sei es in strenger oder sei es in liberaler Weise, ihre

---

[1]) Anmerkung des Übersetzers: Im folgenden sind die Noten, die von Bentham herrühren, soweit sie nicht in den Text aufgenommen sind, als solche bezeichnet. Der gesperrte Druck findet sich zumeist im Originale nicht.

Interessen so zu verfolgen, wie er seine eigenen verfolgen würde? Oder wäre es das Angemessene, daß er ihre Interessen so zu verfolgen habe, wie er seine eigenen verfolgen würde, oder hätte er sein Vorgehen in dieser Beziehung so einzurichten, wie sie selbst es einrichten würden, wenn es ihnen möglich wäre, in Kenntnis aller Umstände zu handeln? Und in diesem letzteren Falle, wäre das Verfahren, das er einschlagen würde, ungerecht oder billig? Was wäre von ihm in dieser Beziehung zu verlangen?

Wie immer er über diese Fragen denken möge, wie gering immer die Rücksicht sein möchte, die er wünschenswerterweise auf den allgemeinen Nutzen zu nehmen hätte, jedenfalls wird es für ihn notwendig sein, daß er diesen Zweck kenne und dies aus zwei Gründen: in erster Linie, damit er ihm insoweit nachgehe, als sein besonderer Zweck darin inbegriffen ist; in zweiter Linie, damit er dementsprechend die Erwartungen, die er anderen Nationen gegenüber zu hegen hätte, und die Ansprüche, die er an sie stellen könnte, einrichte. Denn ist einmal die Linie des allgemeinen Nutzens gezogen, so wäre dies die Richtung, nach der sich das Verhalten aller Nationen bewegen würde, in der ihre gemeinsamen Bemühungen den geringsten Widerstand finden würden, in der sie mit größter Kraft wirken könnten und in der das Gleichgewicht, wenn es einmal hergestellt wäre, mit der geringsten Schwierigkeit erhalten werden könnte.

Ein Beispiel dafür bietet das berühmte Preisgesetz, das so viele Nationen auf Anregung Katharinas II. von Rußland angenommen haben. Wie gewaltig auch die Macht war, die damit den Anfang machte, so ist doch kein Grund anzunehmen, daß nur die Furcht es war, die auf so viele Nationen eingewirkt hat, Nationen, die zusammen so mächtig und von denen einige so weit entfernt waren. Es muß die Billigkeit des Gesetzes, d. h. seine allgemeine Nützlichkeit, oder, was auf dasselbe herauskommt, seine anscheinende Nützlichkeit gewesen sein, die seine Annahme bestimmte. Ich sage wirkliche oder anscheinende, denn hier ist nicht der Ort, in einer so heiklen und komplizierten Frage zu entscheiden.

Aber soll denn der Herrscher eines Staates die Interessen seiner Untertanen dem Vorteil von Fremden aufopfern? Warum nicht? Vorausgesetzt dies geschehe in einem Fall — wenn es einen solchen gibt —, in welchem es für seine Untertanen löblich (praisworthy) gewesen wäre, das Opfer selbst zu bringen. Rechtschaffenheit selbst, so preiswürdig bei dem Einzelnen, warum sollte sie es nicht bei einer ganzen Nation sein? Rühmlich bei jedem für sich, wie kann sie anders sein bei allen zusammen? Es mag wahr sein, daß Karl II. gut daran tat, Dünkirchen zu verkaufen; er hätte nicht weniger gut getan, wenn er den Preis nicht in seine eigene Tasche gesteckt hätte.

Es ist der Zweck, der die Mittel bestimmt. Hier ändert sich das Ziel (oder scheint wenigstens sich zu ändern). Es ist daher notwendig, daß auch die Mittel sich ändern (oder zu ändern scheinen). Das Ziel des Verhaltens, das ein Herrscher seinen Untertanen gegenüber zu beobachten hätte, — der Zweck der inneren Gesetzgebung einer Gesellschaft — sollte das größte Glück der betreffenden Gesellschaft sein. Dies ist das Ziel, dem die Einzelnen alle zustimmen werden, wenn sie irgend einem zustimmen. Es ist die gerade Linie, die kürzeste Linie, die natürlichste von allen, nach denen ein Herrscher seinen Weg richten kann. Welches sollte nun, nach demselben Prinzip beurteilt, das Ziel seines Verhaltens sein, das er anderen Menschen als seinen Untertanen gegenüber zu beobachten hat. Soll man wieder sagen: das größte Glück seiner eigenen Untertanen? Bei diesem Standpunkt wird das Wohlergehen, werden die Bedürfnisse anderer Menschen in seinen Augen wie nichts sein; mit Beziehung auf sie wird er kein anderes Ziel haben, als das, sie seinen Wünschen mit allen Mitteln zu unterwerfen. Er wird mit ihnen so verfahren, wie er tatsächlich mit den Tieren verfährt, die er so behandelt, wie sie die Pflanzen, die ihnen zur Weide dienen, kurz so, wie die alten Griechen, die Römer, mit einem Wort alle die Tugendmuster des Altertums, wie alle Völker, deren Geschichte wir kennen, mit anderen Völkern verfuhren.

Geht er aber in dieser Weise vor, so muß er notwendig immer einen gewissen Widerstand verspüren — ähnlich in seiner Natur und seiner Ursache, wenn auch nicht immer in seiner Eigentümlichkeit und Wirksamkeit, wie ihn der Einzelne von Anfang an in einer beschränkteren Laufbahn verspüren müßte (wenn er in dieser Weise vorgeht), so daß infolge wiederholter Erfahrung die Staaten hätten daran gehen sollen, (planmäßig) ihre Richtung des geringsten Widerstandes ausfindig zu machen, oder sie wenigstens in der Weise (instinktiv) hätten finden sollen, wie die Individuen einer und derselben Gesellschaft die ihrige bereits gefunden haben. Und dies wird die Linie sein, die den größten allgemeinen Nutzen aller Nationen zusammengenommen darstellt.

Der Ruhepunkt wird der sein, in welchem alle Kräfte ihr Gleichgewicht finden und von welchem abzugehen die größte Schwierigkeit machen würde.

Daher hat ein Herrscher, um sein Vorgehen gegenüber anderen Staaten zu regeln, kein geeigneteres Mittel, um sein besonderes Ziel zu erreichen, als daß er Rücksicht nimmt auf das allgemeine Ziel: Das größtmögliche Wohlergehen aller Nationen der Erde. So daß es geschieht, daß dieses umfassendste und weitest ausgedehnte Ziel — dieses fremde Ziel — sein hauptsächlichstes und letztes Ziel sozusagen beherrschen und mit sich tragen wird, so daß es, um dieses zu erreichen, kein sichereres Verfahren für einen Herrscher gibt, als so zu handeln, als hätte er kein anderes Ziel zu erreichen als jenes. Sowie bei seiner Annäherung an die Sonne ein Trabant keinen anderen Lauf zu verfolgen hat als den, welchen der Planet nimmt, der ihn regiert.

Der Vereinfachung wegen wollen wir also überall dieses Ziel für das andere substituieren, und obgleich es leider noch kein Gesetzbuch gibt, das das Verhalten einer gegebenen Nation hinsichtlich aller anderen Nationen für jede Gelegenheit so regeln würde, als ob dieser der leitende Grundsatz (the rule) wäre oder besser gesagt zu sein hätte, so wollen wir unser möglichstes tun, ein solches Gesetzbuch einzuführen.

1. Das erste Ziel des internationalen Rechtes für eine gegebene Nation soll sein: Der allgemeine Nutzen insoweit er darin besteht, den anderen Nationen keinen Schaden (injury) zuzufügen, unbeschadet der Rücksicht, die angemessenerweise auf die eigene Wohlfahrt zu nehmen ist.

2. Das zweite Ziel: Der allgemeine Nutzen, soweit er darin besteht, den anderen Nationen möglichst viel Gutes zu erweisen, unbeschadet der Rücksicht, die angemessenerweise auf das eigene Wohlergehen zu nehmen ist.

3. Das dritte Ziel: Der allgemeine Nutzen, soweit er darin besteht, sich keine Schädigung durch andere Nationen gefallen zu lassen, unbeschadet der Rücksicht, die auf das Wohlergehen dieser Nation zu nehmen ist.

4. Das vierte Ziel: Der allgemeine Nutzen, soweit er in einem solchen Zustande besteht, daß man den größtmöglichen Nutzen von allen anderen Nationen empfängt, unbeschadet der Rücksicht, die auf das Wohlergehen dieser Nation zu nehmen ist.

Den ersten zwei Zielen entspringen die Pflichten, die die gegebene Nation anzuerkennen, den zwei letzteren die Rechte, die sie zu beanspruchen hat. Wenn aber diese Rechte ihrer Meinung nach verletzt werden, auf welche Weise, durch welche Mittel soll sie Genugtuung erhalten oder anstreben? Es gibt kein anderes Mittel als den Krieg. Aber der Krieg ist ein Übel, ja er ist die Verquickung aller anderen Übel.

5. Das 5. Ziel: Im Kriegsfalle sind solche Vorkehrungen zu treffen, daß möglichst wenig Übel angerichtet werde, soweit dies mit der Erlangung des angestrebten Guten vereinbar ist. Ganz allgemein ausgedrückt wäre also das Ziel, das sich ein unparteiischer Gesetzgeber des internationalen Rechtes setzen würde, **das größte Glück aller Nationen zusammengenommen.**

Bei der Ableitung der primitivsten Regeln aus dieser Maxime würde er denselbeu Weg verfolgen, den er bezüglich der innerstaatlichen Gesetzgebung einschlagen würde. Er würde darauf ausgehen, positiven internationalen Rechtsverletzungen vorzubeugen, die Übung positiv nützlicher Handlungen zu ermutigen.

Er würde als positives Delikt jedes Vorgehen, jede Vorkehrung ansehen, durch die die gegebene Nation allen fremden Nationen, deren Interessen betroffen werden könnten, zusammengenommen, mehr Übel zufügt, als sie sich selbst Gutes tut. Z. B. die Wegnahme eines Hafens, der keinen anderen Nutzen brächte als die Möglichkeit, eine fremde Nation mit Vorteil anzugreifen; die Absperrung von Meeren oder Flüssen, den großen Verkehrswegen unseres Erdballs, gegen andere Nationen oder eine andere Nation; die Anwendung von Gewalt oder Betrug, um eine fremde Nation zu hindern, mit einer anderen Handel zu treiben. Allerdings: durch ihre Gegenseitigkeit können Schädigungen einander ausgleichen.[1])

Anmerkungen d. Herausg. [1]) Um Bentham hier richtig zu beurteilen, muß man seine Theorie des Unrechts heranziehen. Er unterscheidet bei jeder Tat, deren Rechtmäßigkeit in Frage steht, hinsichtlich deren Folgen, ob diese

Ebenso würde er als ein negatives Vergehen jede Entschließung ansehen, durch welche eine gegebene Nation sich weigern würde, einer fremden Nation positive Dienste zu erweisen, wenn ihre Erzeigung dieser Nation mehr Gutes bringen würde als Übel für sie selbst. Z. B. wenn die gegebene Nation, ohne daß sie Ursache hätte für ihre eigene Erhaltung zu fürchten, (da sie zwei Länder inne hätte, deren Produktion verschieden wäre) hartnäckig den Handel zwischen ihnen und einer fremden Nation verhindern würde, oder wenn eine fremde Nation von einem Unglück heimgesucht wäre und der Hilfe bedürfte, sie unterließe diese zu leisten; oder wenn sie Übeltäter in ihrer Macht hätte, die mala fide Verbrechen gegen die fremde Nation begangen hätten, und sie täte nicht, was an ihr liegt, um sie der Gerechtigkeit zu überliefern.[1]

---

von überwiegendem Übel sind, und bejahenden Falles unterscheidet er dann weiter Übel erster, zweiter und dritter Ordnung. Als Übel erster Ordnung gelten ihm jene, welche diese oder jene bestimmten Individuen treffen, also z. B. das beraubte oder getötete Individuum bezw. seine Angehörigen. Aber hiebei bleibt er nicht stehen. Jede derartige Handlung führt als Übel zweiter Ordnung Gefahr und Schrecken herbei für die übrigen Mitglieder der Gesellschaft; hierzu kommt endlich als Übel dritter Ordnung, daß, wenn die in Frage stehende Handlung nicht unterdrückt würde, daraus eine allgemeine und dauernde Störung infolge Entmutigung friedlicher Arbeit und Untergrabung der Sicherheit entstehen würde, so daß die Auflösung der Gesellschaft zu fürchten stünde, wenn derartige Handlungen überhand nähmen.

Analoges gilt natürlich auch von den Delikten einer Nation gegen die andere. Die Wegnahme des Hafens im obigen Falle muß also in allen den genannten Richtungen nach ihren Folgen geprüft werden, und dann zeigt sich, daß nicht etwa bloß gefragt werden darf: ist der Vorteil, den die angreifende Nation durch den Gewinn des Hafens erhält, größer als der Nachteil, den die beraubte Nation erleidet? sondern, wie Bentham sagt: es müssen alle Nationen in Betracht gezogen werden; geschieht dies aber, so kommt sogleich die Rücksicht auf die allgemeine Rechtssicherheit innerhalb der Staatenwelt dazu, die durch einen gewaltsamen Eingriff in die bestehende politische Herrschaftszuteilung noch mehr erschüttert wird als die Rechtssicherheit in der privatrechtlichen Ordnung, falls Eingriffen keine Schutzreaktion entgegengesetzt wird. Darum fordert also Bentham die Berücksichtigung der Übel zweiter und dritter Ordnung, die sich in der gesamten Staatenwelt fühlbar machen würden. Bentham begeht den Fehler, die Gefährdung der allgemeinen Rechtssicherheit an dritter Stelle als Übel dritter Ordnung zu nennen, während sie ihrer Bedeutung nach an die erste Stelle gehört. Vgl. das in der Einleitung Gesagte und mein Buch „Das Recht zu strafen", Stuttgart 1911.

[1]) Vgl. Punkt 8 der Vorschläge des internationalen Friedensbureaus oben S. 69, dann S. 56 f.

Der Krieg ist, wie man gesagt hat, eine Art von Verfahren, durch welches eine Nation ihre Rechte mit Gewalt durchzusetzen strebt, auf Kosten einer andern Nation. Es ist die einzige Methode, zu der man greifen kann, wenn Parteien kein anderes Mittel finden können, Genugtuung zu erhalten und keinen Schiedsrichter untereinander haben, der stark genug wäre, ihnen unbedingt alle Hoffnung auf Widerstand zu benehmen. Aber wenn das innerstaatliche Gerichtsverfahren von schmerzlichen Übeln begleitet ist, so ist das internationale von unendlich schmerzlicheren Übeln begleitet und zwar in gewisser Richtung an Intensität, gemeinhin an Dauer und immer an Ausdehnung.[1]) Ihr Seitenstück findet man im Katalog der Delikte gegen die Gerechtigkeit.

Die Gesetze des Friedens wären somit die wesentlichen Gesetze des internationalen Kodex. Die Gesetze des Krieges wären ein Anhang dazu.

Der Faden der Analogie ist nun gesponnen, und es wird leicht sein ihm zu folgen. Doch sind hier gewisse Abweichungen zu beachten.

Eine Nation hat ihr Eigentum, ihre Ehre und sogar ihre Kondition (Lebensstellung);[2]) sie kann in allen diesen besonderen Beziehungen angegriffen werden, ohne daß die Individuen, aus denen die Nation besteht, davon betroffen werden. Soll man nun sagen, die Nation habe ihre Persönlichkeit? Wir wollen uns hüten in Sachen der Jurisprudenz figürliche Ausdrücke zu gebrauchen. Die Juristen werden sie entlehnen und Fiktionen daraus machen, die alles Licht und alle gesunde Vernunft verschwinden lassen. Nebel werden aufsteigen, in deren Düster sie eine Ernte von falschen und gefährlichen Konsequenzen einheimsen werden.[3])

Unter Nationen gibt es keine Strafe. Im allgemeinen gibt es nichts als Restitution mit der Wirkung, daß das Übel aufhört; selten Entschädigung für das Vergangene, denn unter ihnen kann es kaum eine mala fides geben. Wohl gibt es eine solche nur zu oft und zu viel unter ihren Führern, so daß es kein großes Unglück wäre, wenn am Ende seiner Laufbahn jeder

---

[1]) Vgl. oben S. 8.

[2]) Bentham teilt die Delikte allgemein ein in solche gegen die Person, gegen das Eigentum, die Ehre (Ruf) und die Lebensstellung.

[3]) Vgl. oben S. 37 f.

Eroberer seine Tage auf der Folter zu beschließen hätte, — wenn man das Gericht, das Thomyris an Cyrus vollstreckte, nicht für zutreffender hält und seinen Kopf in ein Gefäß mit Blut werfen wollte — wobei wir nicht zweifeln, daß der Kopf des Cyrus höchst angemessener Weise dahin geworfen wurde. Aber wie unehrenhaft die Absichten ihrer Führer sein mögen, die Untertanen sind immer ehrenhaft. Ist die Nation einmal gebunden — und es ist der Führer, der sie bindet — wie verbrecherisch auch der Angriff sein mag, so ist doch eigentlich kein anderer Verbrecher da als der Führer. Die Einzelnen sind nur seine unschuldigen und unglücklichen Werkzeuge. Der Milderungsgrund, der sonst aus dem Gewichte der Autorität entspringt, steigert sich hier bis zur völligen Strafausschließung.

Die Stimmen des Prinzips der Antipathie sind hier im Einklang mit dem Nützlichkeitsprinzip: einerseits fehlt es der Rache an einem geeigneten Objekte, während andererseits jede Strafe unnötig, nutzlos, kostspielig und wirkungslos[1]) wäre.

Was das 3. und 4. Ziel (der internationalen Gesetzgebung) anlangt, so ist es kaum nötig, dabei zu verweilen; Nationen wie Einzelne, Herrscher wie Untertanen achten genügend auf ihre eigenen Interessen, es ist kaum nötig, sie dazu anzuleiten.[2]) Es bleiben die beiden ersten und das letzte.

Handlungen, durch die das Verhalten eines Einzelnen von dem Ziele abzuweichen strebt, dessen Erreichung den innerstaatlichen Gesetzen vorschweben soll, haben wir antizipierend „Delikte" (offences) genannt; mit einer ähnlichen Vorwegnahme können wir mit demselben Ausdrucke solche Handlungen bezeichnen, durch welche das Verhalten einer ganzen Nation von dem Ziele abweicht, das die internationalen Gesetze anzustreben hätten.

Unter Souveränen wie unter Privaten gibt es Rechtsverletzungen de bonne foi, andere de mauvaise foi. Man müßte blind sein, wollte man letztere leugnen, man müßte noch viel schlimmer blind sein, die anderen zu bestreiten. Man glaubt manchmal seinen Scharfsinn zu beweisen, indem man alles auf

---

[1]) Auch hier führt Bentham die Analogie zu seiner Strafrechts-Philosophie weiter, wie sie z. B. in Beneke-Dumonts Bearbeitung niedergelegt ist.

[2]) Vgl. oben S. 35.

den letzteren Punkt zurückführt, oder ihn in gleicher Weise zu zeigen, indem man alles auf den ersteren Punkt zurückführt. In dieser Weise geht man vor bei der Beurteilung von Menschen und insbesondere von Herrschern; man gesteht ihnen lieber einen grenzenlosen Verstand zu, als daß man bei ihnen ein Gran Redlichkeit anerkennen würde; man glaubt von ihnen, daß sie nie über eine Torheit errötet sind, vorausgesetzt, daß sie Bosheit zum Genossen hatte. Es ist soviel über die Ungerechtigkeit von Herrschern gesagt worden, daß ich wünschen möchte, man wendete etwas mehr Aufmerksamkeit der noch allgemeineren Ungerechtigkeit ihrer Verkleinerer zu, die im Verborgenen bleibend sich an der Gattung im allgemeinen für die Schmeichelei rächen, die sie öffentlich an Einzelne verschwenden.

Zu den Ursachen von Rechtsverletzungen bona fide und von Kriegen gehören:

1. Unsicherheit des Sukzessionsrechtes bei Erledigung eines Thrones, der von zwei Parteien beansprucht wird.

2. Innere Unruhen in benachbarten Staaten. Diese können ihren Grund haben in einer Unsicherheit derselben Art, wie die vorangeführte, oder einem Streit im Nachbarstaat über das Verfassungsrecht, sei es zwischen Herrscher und Untertanen oder zwischen verschiedenen Gliedern der souveränen Körperschaft.

3. Unsicherheit in Bezug auf Abgrenzungen, seien es wirkliche oder ideelle. Aufgabe dieser Abgrenzungen möge sein, Güter oder Personen oder Angelegenheiten (causes) zu scheiden.

4. Unsicherheit in Bezug auf die Grenzen neuer Gebiete, die von dem einen oder dem andern Teile entdeckt wurden.

Note. In modernen Zeiten waren eine der fruchtbarsten Quellen des Krieges die Grenzen neuer Entdeckungen. Sie wurden manchmal durch gemeinsames Einverständnis bestimmt: doch dies geschah selten eher als nach Kriegen oder Unzufriedenheiten, die den Keim zu Kriegen gelegt hatten. Es wäre besser, solche Arbeiten mit kaltem Blute zu unternehmen und im Vorhinein über mögliche Entdeckungen Abmachungen zu treffen, ohne zu warten, bis sie gemacht sind. In dieser Weise dachte einst ein Papst durch eine mathematische Linie alle künftigen Kriege für immer im Keime erstickt zu haben. Dies war nicht übel gedacht zu einer Zeit, als die Erde flach und der Knecht der Knechte der Beherrscher von Königen war. Seither ist die Erde rund geworden, und die Macht der dreifachen Krone ist etwas beschnitten. Trotzdem kann jene Demarkation noch recht gut als Lehre dienen, so mangelhaft sie als Gesetz sein mag. Die Schwierigkeit wäre, die Grenzen so zu ziehen, daß sie den Objekten entsprechen, die man gar nicht gesehen hat. Z. B. eine Insel: in welchem Falle soll sie zur Gänze jenen gehören, die sie zuerst entdeckten, wann den vielen anderen, die in der gleichen Weise auf ihr angekommen sind? Sollte sie dem gehören, der sie zuerst sah ohne sie zu betreten, dem, der sie zuerst betrat, oder dem, der zuerst um sie herumging? Wie soll auch in jedem Falle eine Insel von dem Teile eines Kontinentes unterschieden werden oder auch von einem ganzen Kontinent, der sehr ausgedehnt sein kann? Und wie weit soll sich das Besitzrecht erstrecken, wenn es einen neuentdeckten Kontinent betrifft? Soll es das Gebiet sein, das eingeschlossen wird vom Meere, den zwei nächsten schiffbaren Flüssen und dem Gebirge, in dem diese Flüsse entspringen? Welche Tiefe soll für die Schiffbarkeit eines Flusses entscheidend sein? usw. Hier kann man eine Fülle von Fragen finden, deren Lösung schwierig genug ist.

5. Eifersüchteleien infolge erzwungener Abtretungen aus mehr oder weniger naher Vergangenheit.[1])

6. Streitigkeiten oder Kriege in Nachbarstaaten, aus welchem Grunde immer sie enstehen mögen.

7. Religiöser Haß.[2])

Mittel der Vorbeugung:

1. Die ungeschriebenen Gesetze, die als gewohnheitsrechtlich angesehen werden in Übereinstimmung zu bringen.

2. Neue Vereinbarungen, neue internationale Gesetze zu schaffen bezüglich aller Punkte, die noch ungeregelt

---

[1]) Vgl. Punkt 2 der Vorschläge des internationalen Friedensbureaus.

[2]) Über „die Ursachen des Krieges" handelt ausführlich Giorgio Del Vecchio in der zitierten Schrift „Die Tatsache des Krieges und der Friedensgedanke". Er betont u. a. auch die Wichtigkeit wirtschaftlicher Motive und fügt bei: „Es wäre jedoch ein Irrtum, wenn man alle Kriege aus einem wirtschaftlichen Grunde ableiten wollte" ... „Einen ähnlichen Irrtum", meint er, „beging Bentham, der den Krieg hauptsächlich aus der Begierde nach Kolonialbesitz ableitete und seinen Plan eines ewigen Friedens auf den Vorschlag einer allgemeinen Preisgabe der Kolonien gründete." Wie man jedoch schon aus den sieben Fällen ersieht, in denen Bentham Ursachen für Kriege aus gutem Glauben erblickt, hat er die Wirksamkeit anderer Motive nicht übersehen. In den folgenden Abhandlungen werden uns noch eine Reihe anderer Ursachen begegnen, darunter auch die nationale Antipathie, Nationalstolz und Erweiterung der Vorherrschaft (patronage). Der Vorwurf, den der genannte Forscher erhebt, ist also nicht ganz berechtigt. Auch gründet B. seinen Friedensplan nicht allein auf die Emanzipation der Kolonien, sondern auch auf Rüstungsbeschränkung und Freihandel im allgemeinen, daneben aber noch auf zahlreiche andere Vorschläge. Vgl. die 4. Abhandlung.

bleiben, d. h. bezüglich der Mehrzahl der Punkte, in denen die Interessen zweier Staaten kollidieren können.

3. Den Stil der Gesetze aller Arten zu vervollkommnen, seien sie innerstaatlich oder zwischenstaatlich. Wie viele Kriege hat es gegeben, die als Hauptursache oder sogar einzige Ursache keinen bedeutenderen Ursprung hatten, als die Nachlässigkeit oder Unfähigkeit eines Juristen oder eines Geometers!

---

2. Abhandlung.

Von den Untertanen oder dem persönlichen Umfang des Geltungsgebietes der Gesetze.

Die Ausführungen dieser Abhandlung stehen nicht in unmittelbarem Zusammenhang mit den Gedanken der drei übrigen.

Es sind vielmehr Ansätze zu einem „internationalen Privat- und Strafrecht“, Sätze, die sich auf die Lehre von der „räumlichen Kollision von Rechtssätzen“ beziehen. Mohl, I. Bd. S. 384, bezeichnet sie als zum Teile unrichtig. „Allein“, fügt er bei, „die logische Herauswicklung derselben aus dem Begriff des Untertanen (sowie schon die Erörterung dieses letzteren Verhältnisses) ist unübertrefflich.

Doch würde Bentham schwerlich selbst die Anordnung seiner Herausgeber gebilligt und diese Abhandlung wohl in einen anderen Rahmen eingefügt haben. Denn die drei übersetzten Stücke sind innerlichst durchaus verwandt, enthalten nichts anderes als Leitgedanken für ein zu entwerfendes Völkerrecht in Absicht auf ein friedliches Nebeneinander- und Miteinanderleben der Völker, während das in Rede stehende bereits eine Spezialfrage in Angriff nimmt, die zum Verständnis der übrigen nicht nur nicht nötig ist, sondern den Zusammenhang zwischen dem I. und dem III. und IV. zerreißt. — Der Umstand, daß die Herausgeber der Benthamschen Werke diese Schriften zusammengestellt haben, nötigt uns nicht, ihrem Beispiel in der Übersetzung zu folgen.

---

3. Abhandlung.

Über den Krieg mit Rücksicht auf seine Ursachen und Folgen.

Krieg ist Unheil im größten Maßstabe. Auf den ersten Blick könnte es scheinen, daß die Untersuchung über die Ursachen des Krieges dieselbe wäre, wie die über die Ursachen der Kriminalität und daß im einen wie im anderen Falle die Ursache in der Natur des Menschen zu suchen sei: in den egoistischen (self regarding), dissozialen und hie und da in gewissem Maße in den sozialen Trieben. Eine nähere Betrachtung wird aber in mehreren Punkten bedeutende Unterschiede zeigen, diese Unterschiede hängen von dem größeren Maßstabe ab. Dieselben Motive wird man sicherlich in dem einen wie in dem anderen Falle wirksam finden; aber wenn man den Prozeß von der ursprünglichen Ursache bis zur letzten Wirkung verfolgt, wird sich im Falle des Krieges eine Menge von vermittelnden Erwägungen einstellen, die in den Streitigkeiten zwischen Einzelnen keine Stelle finden.

Einen Ansporn zum Kriege wird man finden in der Tendenz der Geschichte, den Krieg zu verherrlichen, insbesondere in der Geschichte des Altertums; in den menschlichen Vorurteilen, dem Begriff der „natürlichen Rivalität“ und des „Widerstreits der Interessen“, in Konfusionen zwischen mein und dein, — zwischen privater Verfügungsmacht (ownership) und öffentlicher Souveränität und in dem Begriffe der Bestrafung, die im Falle des Krieges nie anders als in uneigentlichem Sinne gemeint sein kann.

Im Altertum gab es ein System von Versuchungen zum Kriege, zur Zeit der Feudalherrschaft ein anderes und in modernen Zeiten wieder ein anderes.[1])

Zu den Antrieben zum Kriege gehören: Befürchtung von Unrecht, Hoffnung auf Plünderuug beweglicher Güter durch Einzelne, Hoffnung auf Gewinn durch Erhebung von Kontributionen, Hoffnung auf Gewinn durch Verkauf oder Auslösung von

---

[1]) Über den Bedeutungswandel der Kriege handelt von Neueren besonders auch Angell in einer an Bentham gemahnenden Weise; vgl. Del Vecchio und die dort angegebene Literatur.

Gefangenen, Nationalstolz oder Ruhm, Monarchenhochmut, nationale Antipathie, Erweiterung der Einflußsphäre, Hoffnung auf Beförderung.

Staaten haben keine Persönlichkeit, die verschieden wäre von den Einzelpersonen; aber sie haben Eigentum, das Eigentum des Staates und nicht der Einzelnen ist.

Wenn ein Einzelner mit einem anderen einen Streit über Vermögen hat, oder ihm von einem Einzelnen etwas widerfahren ist, was er als eine Schädigung hinsichtlich seines Vermögens ansieht, so wendet er sich um Abhilfe an ihren gemeinsamen Oberen, die richterliche Gewalt des Staates. Wenn ein Staat seiner Meinung nach von einem anderen Staate eine Unbill hinsichtlich seines Besitztums erlitten hat, so muß er — da kein gemeinsamer Oberer, für sie gewählt, zur Verfügung steht — sich entweder die Unbill gefallen lassen, oder den anderen Staat dafür gewinnen, einen gemeinsamen Richter zu bestellen, oder einen Krieg beginnen.

Jeder Staat erachtet es für seine Pflicht, seinen eigenen Untertanen, soweit es in seiner Macht liegt, gegen alle Unbill Schutz zu verschaffen, die sie von den Untertanen oder der Regierung eines anderen Staates erleiden. Die Nützlichkeit der Tendenz solchen Schutz zu gewähren ist evident und das Vorhandensein einer solchen Tendenz nicht minder. Wenn daher ein Individuum des Staates A von einem Angehörigen des Staates B ein Unrecht erleidet, für das der Staat B nach gehörigem Beweise und Begehren entsprechende Genugtuung zu gewähren oder zu verschaffen verweigert, so ist es für die Frage der Verantwortlichkeit ebenso, wie wenn der Staat B selbst durch die Mitglieder seiner Regierung das Unrecht begangen hätte.

Im folgenden seien einige der wichtigsten Ursachen oder Veranlassungen des Krieges angeführt nebst einigen Mitteln der Prävention:

I. Wirkliche oder vorgebliche Rechtsverletzungen der Bürger eines Staates gegenüber den Bürgern eines anderen Staates, hervorgerufen durch die Interessen der Bürger:

1. Schädigungen im allgemeinen; Mittel der Prävention: Klarstellung (liquidation) der Ansprüche der Untertanen eines jeden Souveräns gegenüber den Untertanen jedes anderen Souveräns.

2. Gelegentliche Schädigungen infolge von Rivalität im Handel: Behinderung der Vermögensrechte. Mittel der Prävention: allgemeine Handelsfreiheit.[1])

II. Wirkliche oder vorgebliche Rechtsverletzungen der Bürger eines Staates gegenüber den Bürgern eines anderen Staates, hervorgerufen durch Interessen oder Ansprüche von Souveränen:

1. Streitigkeiten über Sukzessionsrechte. Mittel der Prävention: Klarstellung der Rechtstitel; Vervollkommnung des Stiles der Gesetze.
2. Streitigkeiten über Grenzen, physische oder ideelle. Mittel der Prävention: Klarstellung der Rechtstitel, freundschaftliche Demarkationen, positiv vorgenommen; Vervollkommnung des Stiles der Gesetze, Regelung (regulation).
3. Streitigkeiten, die infolge Verletzung des Territoriums entstehen.
4. Eroberungszüge. Mittel der Prävention: Bündnisse zum Zwecke der Verteidigung, Defensiv-Allianzen;[2]) allgemeine Garantien.
5. Versuche den Handel zu monopolisieren. Unverschämtheit der Starken gegen die Schwachen, Tyrannei einer Nation gegen die andere. Mittel der Prävention: Defensivbündnisse, Konventionen, welche die Zahl der zu unterhaltenden Truppen beschränken.

Niemand könnte Verträge, die positive Verpflichtungen dieser Art enthalten, als chimärisch ansehen; sind sie es aber nicht, so sind es solche, die eine negative Verpflichtung enthalten, umsoweniger. Es können Schwierigkeiten auftreten, wenn man eine Armee erhalten soll, es können keine entstehen, wenn man dies nicht tut. Zuzugeben ist, daß die Sache heikel wäre, es dürfte einigermaßen schwierig sein, einen Löwen zu überreden, seine Klauen zu beschneiden; aber wenn der Löwe oder besser, der ungeheuere Kondor, der ihn fest am Schopfe hält, einverstanden

---

[1]) Vgl. Punkt 7 der Vorschläge des Rates des internationalen Friedensbureaus.

[2]) Hinsichtlich Englands und Frankreichs allerdings hält B. die Abschaffung jeglichen Allianzvertrages für das Richtige. Offensivbündnisse verwirft er schlechthin.

ist, seine Fänge gleichfalls zu beschneiden, so wäre keine Schande bei der Vereinbarung. Der Vor- oder Nachteil wäre gegenseitig.

Mögen die Kosten des Versuches wie hoch immer sein, sie würden durch den Erfolg reichlich wett gemacht. Welche Beruhigung für alle Herrscher, welche Erleichterung für jedes Volk! Welchen Aufschwung würde der Handel, die Bevölkerung, der Wohlstand aller Nationen nehmen, wenn sie befreit würden von den Fesseln, in denen sie jetzt durch die Sorge um ihre Verteidigung gehalten werden!

6. Furcht vor Eroberungen. Mittel der Prävention: Defensivbündnisse.
7. Streitigkeiten über neue Entdeckungen, über die Begrenzung von Erwerbungen, die ein Staat auf Kosten der anderen infolge friedlicher Okkupation macht. Mittel der Prävention: vorläufige Einigung über eventuelle Entdeckungen.
8. Parteinahme bei inneren Unruhen. Die Weigerung einer fremden Macht, das Recht einer neugebildeten Regierung anzuerkennen, ist eine häufige Ursache von Kriegen gewesen. Da aber auf keiner Seite ein Interesse auf dem Spiele steht, nichts auch nur denkbarer Weise gewonnen werden kann, ist es klar, daß auf beiden Seiten alles Unheil, das angerichtet wird, ebensoviel nutzlos geschaffenes Elend ist.
9. Unbill, die um der Religion willen zugefügt wird. Der Abstand zwischen Religion und Religionslosigkeit, so kraß er ist, wirkt lange nicht so aufreizend wie der zwischen einer Religion und der anderen. Mittel der Prävention: Fortschritt der Toleranz.
10. Das Interesse von Beamten (ministers). Mittel der Prävention: Bestimmte aber effektive Besoldung.

Kriege können sein:

I. Bona fide-Kriege. Ein Mittel gegen sie wäre zu finden in dem Schiedsgerichtshof (Tribunal of peace).[1]

[1] Wie Bentham der erste gewesen ist, der auf kriminalistischem Gebiete den Motiven des Verbrechens systematische Untersuchungen widmete, auch eine ‚Table of the springs of action', das ist eine Tabelle der möglichen Motive für menschliche Handlungen, entworfen hat, so hat er auch die Beweggründe, die zum Kriege führen, analogen Betrachtungen unterzogen.

II. Kriege aus Leidenschaft. Das Mittel gegen sie ist die Überlegung, die den Widerstreit zeigt zwischen Leidenschaft einerseits, Gerechtigkeit und Interesse andererseits.

III. Kriege aus Ehrsucht, Unverschämtheit oder Raubgier. Die Mittel dagegen sind:

1. Überlegung, die den Widerstreit zwischen Ehrsucht und wahrem Vorteil zeigt.
2. Im Falle die Vernunft die Oberhand gewinnt: Ausgleich (regulation).

In allen diesen Fällen hängt die Nützlichkeit vom Standpunkte des Staates, der sich als gekränkt ansieht, mit einem Wort die Vernünftigkeit des Einlassens in einen Krieg mit dem Angreifer, teils von dessen relativer Stärke ab, teils von seiner zu Tage getretenen Gesinnung mit Beziehung auf die zugefügte Unbill. War es augenscheinlich, daß auf seiner Seite keine mala fides vorlag, so kann es für den beleidigten Staat nie vorteilhaft sein, seine Zuflucht zum Kriege zu nehmen, sei er nun stärker oder schwächer als der Angreifer und dies in welchem Grade immer. In diesem Falle, mag die Unbill welche immer sein, kann man es als unmöglich erklären, daß ihr Wert jemals die Kosten des Krieges erreichen kann, sei er auch noch so kurz und werde er in noch so kleinem Maßstab geführt.

Selbst im Falle der mala fides wird es von den Umständen abhängen, ob es lohnt zum Kriege die Zuflucht zu nehmen. Wenn es den Anschein hat, daß die fragliche Beleidigung nur ein Vorspiel zu anderen ist und daß sie einer Gesinnung entspringt, die nichts anderes befriedigen kann als vollständige Zerstörung, und wenn der Krieg irgend eine erträgliche Chance des Erfolges, wie klein auch immer bietet, so können Klugheit und Vernunft sich mit der Leidenschaft vereinigen und den Krieg als das einzige Heilmittel in einer so verzweifelten Krankheit vorschreiben.

Denn wenn auch im Falle der Ausdauer auf Seite des Angreifers ein erfolgreicher Widerstand unmöglich erscheinen mag, so kann doch der Widerstand, der eben entgegengesetzt werden kann, dadurch daß Zeit gewonnen wird, die Möglichkeit eröffnen für das Eintreten irgend eines unvorhergesehenen Zwischenfalles und er kann jedenfalls durch die Verlegenheiten, die er dem

Angreifer bereitet, mit der Zeit dazu beitragen, den Reiz der Versuchungen abzuschwächen, die ihn zu ähnlichen Unternehmungen bewegen.[1]) Wenn auch die Spartaner in den Thermopylen bis auf den letzten Mann untergingen, so war die Verteidigung der Thermopylen dennoch nicht nutzlos.

Wenn andererseits der Angriff, obgleich zu eklatant, um nicht von mala fides begleitet zu sein, seinen Ursprung in einer Leidenschaft oder einer Stimmung zu haben scheint, die ihren Antrieb in einem beschränkten Objekte hat und verspricht sich mit diesem Objekte zufrieden zu geben, so steht nun die Wahl nicht mehr zwischen Ruin mit oder ohne Rache, sondern zwischen dem Verluste des betreffenden Objektes und dem Elend eines mehr oder weniger hoffnungslosen Krieges.

Die Niederländer bewiesen Klugheit, als sie ihrer Empörung folgend sich gegen die spanische Gewalt verteidigten. Dasselbe Volk bewies seine Klugheit, als es England die nichtige Ehrenbezeigung der Flagge zugestand, zu Ende des Krieges von 1652; sie hätten sie noch mehr bewiesen, wenn sie dasselbe Zugeständnis zu Beginn des Krieges gemacht hätten.

Schließlich, wenn der Angriff, so ungerecht immer er vom Standpunkte des angegriffenen Staates erscheinen mag, auf Seite des Angreifens allen Anschein nach nicht mit mala fides gepaart ist, so ist es unbestreitbar klüger, sich ihm zu unterwefen, als sich dem Elend des Krieges auszusetzen. Man überblickt das Opfer auf einmal in seinem ganzen Umfange, und es müßte seltsam zugehen, wenn seine Größe die Kosten eines einzigen Feldzuges erreichen sollte.

Wenn ein Krieg ausgebrochen ist, so kann ein Palliativ gegen seine Übel vielleicht in der Bestellung von Kriegsresidenten gefunden werden, welche für die Gefangenen Sorge zu tragen und eine Übertretung der Kriegsgesetze zu verhüten hätten. Will man dagegen einwenden, daß solche Residenten als Spione zu fürchten wären? Ein Feind, der als solcher bekannt ist, könnte kaum ein Spion sein. Alle Schritte eines solchen

[1]) Hieraus ist der besonnene Standpunkt Benthams zu ersehen; die Erkenntnis der Relativität aller sekundären ethischen Gebote schützt ihn vor der absoluten Verdammung des Krieges. Vgl. Giorgio Del Vecchio a. a. O. und meine Kritik in den Kantstudien 1913, Bd. XVIII; in einem solchen Falle dient der Krieg — mangels besserer Institutionen — indirekt der politischen Rechtssicherheit. Vgl. oben S. 83, Anm. 1.

Residenten müßten offen sein und seine Briefe hätten der Einsicht zu unterliegen.

Gegenwärtig [1789!] weist man kaum Fremde aus einem feindlichen Lande aus, nicht einmal Militärpersonen oder Beamte. Und wenn man einen Spion verwenden wollte, könnte man nicht einen einheimischen finden?

Ein solcher Resident könnte immer als Vermittler für eine Verständigung verwendet werden, wenn eine Beilegung gewünscht werden sollte.

---

4. Abhandlung.

Ein Plan für einen allgemeinen und dauernden Frieden.

Die Aufgabe dieses Versuches ist, der Welt einen Plan für einen allgemeinen und dauernden Frieden vorzulegen. Die Erdkugel ist das Herrschaftsgebiet, nach dem der Autor strebt, die Druckerpresse ist das Geschütz und zwar das einzige, das er verwendet, das Ministerium der Menschheit der Schauplatz seiner Intrigue. Die glücklichsten Menschen leiden durch den Krieg, und die weisesten, ja sogar die am wenigsten weisen sind weise genug, den Hauptteil ihrer Leiden dieser Ursache zuzuschreiben.

Der folgende Plan hat zwei fundamentale Vorschläge zur Grundlage:

1. Die Reduktion und Festlegung der Streitkräfte der verschiedenen Nationen, die das europäische System bilden.

2. Die Emanzipation der entfernt gelegenen Kolonien jedes Staates.

Note. Zwei originelle Schriftsteller sind mir in dieser Richtung vorangegangen: Dekan Tucker und Dr. Anderson. Das Ziel des ersteren war, die Welt von der Unnötigkeit des Krieges zu überzeugen, aber spezieller des Krieges, der wütete, als er schrieb; das Ziel des letzteren bildete der Nachweis, daß Kolonien unnütz sind. Jeder dieser Vorschläge hat seine besonderen Vorteile, aber keiner von beiden würde — wie es scheint — ohne den anderen dem Zwecke vollkommen entsprechen.

Über die Nützlichkeit eines solchen allgemeinen und dauernden Friedens, angenommen ein Plan hierfür wäre praktisch durchführbar und seine Annahme wahrscheinlich, kann nur eine Stimme herrschen. Der Einwand und der einzige Einwand dagegen ist seine anscheinende Unausführbarkeit, daß er nämlich nicht bloß hoffnungslos sei, sondern dies so sehr, daß jeder Vorschlag in dieser Richtung den Namen verstiegen und lächerlich verdiene. Diesen Einwand will ich zunächst trachten zu beseitigen, denn die Widerlegung dieses Vorurteiles dürfte nötig sein, um dem Plane Gehör zu sichern.

Was kann geeigneter sein, die Gemüter für die Aufnahme eines solchen Vorschlages empfänglicher zu machen als der Vorschlag selbst?

Man wende nicht ein, die Zeit sei nicht reif für einen solchen Vorschlag; je mehr ihr zur Reife fehlt, desto früher müssen wir beginnen alles zu tun, was getan werden kann, um sie zur Reife zu bringen, desto mehr sollten wir dazu tun. Ein Vorschlag dieser Art ist eines von den Dingen, die nie zu früh und nie zu spät kommen können. Wer von denen, die den Namen Christen tragen, kann den Beistand seines Gebetes versagen, welche Kanzel kann sich weigern, mir mit ihrer Beredsamkeit beizustehen. Katholik und Protestant, Anglikaner und Dissenter können alle, wenn in nichts anderem, so hierin übereinstimmen. Ich rufe sie alle auf, mir durch ihre Autorität ihre Unterstützung zu gewähren! Die folgenden Blätter sind dem allgemeinen Wohle aller zivilisierten Nationen gewidmet, besonders aber dem von England und Frankreich. Das Ziel, das wir vor Augen haben, ist, drei große Dinge zu empfehlen: 1. Vereinfachung der Verwaltung, 2. nationale Genügsamkeit (national frugality), 3. Frieden. Überlegung hat mich von der Wahrheit folgender Sätze überzeugt:

I. Daß es nicht im Interesse Großbritanniens liegt, irgendwelche auswärtige Besitzungen (dependencies) welcher Art immer zu haben,

II. daß es nicht im Interesse Großbritanniens liegt, irgendeinen Allianzvertrag mit irgendeiner andern Macht zu haben, sei er offensiv oder defensiv,[1])

---

[1]) Vgl. oben S. 92.

III. daß es nicht im Interesse Großbritanniens liegt, irgendeinen Vertrag mit irgendeiner Macht zu haben zu dem Zwecke, irgendeinen Vorteil in Bezug auf den Handel zu besitzen unter Ausschluß welcher anderen Nation immer,

IV. daß es nicht im Interesse Großbritanniens liegt, eine Seemacht zu unterhalten über das Maß dessen, was genügend ist, um seinen Handel gegen Seeräuber zu schützen,

V. daß es nicht im Interesse Großbritanniens liegt, irgendwelche Veranstaltungen aufrecht zu erhalten als entfernte Vorbereitung der Vermehrung oder Erhaltung seiner Seemacht, wie z. B. die Navigationsakte, Prämien für den grönländischen und anderen Handel, der als Pflanzstätte für Seeleute gilt,[1])

VI—X. daß alle diese Sätze auch für Frankreich gelten.

Soweit Großbritannien in Betracht kommt, stütze ich den Beweis dieser verschiedenen Sätze hauptsächlich auf zwei sehr einfache Prinzipien:

1. Daß die Vermehrung des Reichtumes einer jeden Nation in einer gegebenen Periode notwendig beschränkt ist durch die Kapitalsmenge, die sie in dieser Periode besitzt,[2])

---

[1]) Hierüber handelt Adam Smith (Der Reichtum der Nationen, IV. Buch, 5. Kap.): „Obgleich aber die Schiffsprämien, welche für die Fischerei bewilligt werden, zur Bereicherung der Nation nichts beitragen, so läßt sich doch vielleicht sagen, daß sie etwas zur Verteidigung derselben tun, indem sie die Zahl ihrer Seeleute und Schiffe vermehren. Dies kann bisweilen mittelst solcher Prämien mit weit geringeren Kosten geschehen, als wenn man eine große stehende Flotte unterhielte . . .“ Smith erklärt auch, daß die nationale Verteidigung weit wichtiger sei als der Reichtum.

[2]) Vgl. oben S. 59. Nach Benthams unten (S. 106) folgender Äußerung sollte es hier zum mindesten heißen: „durch die Kapitalsmenge und die Größe des Kredits.“ „Das Kapital begrenzt die Industrie“, lehrte später John Stuart Mill, bis ihn die wirtschaftliche Entwicklung Frankreichs nach den Kapitalsverlusten 1870 bedenklich machte. Ad. Smith hatte ähnliches gelehrt, wiewohl er die Arbeit an die Spitze seiner Untersuchung gestellt hatte. In der „Theorie der Strafen und Belohnungen“ (französisch herausgegeben von Dumont, London 1811) lehrt Bentham, der allgemeine Reichtum werde vermehrt 1. durch die Zahl der arbeitenden Menschen, 2. durch die Vermehrung der Kapitalsmasse, 3. durch die vorteilhafteste Verwendung des Kapitals — und das ist nach seiner Überzeugung die landwirtschaftliche — (in bezug auf die Abstufungen der Vorteilhaftigkeit beruft er sich ausdrücklich auf Smith), 4. durch Steigerung des Arbeitseffektes (also durch Steigerung der Geschicklichkeit und des Wissens, Zeitersparnis, Maschinen u. dgl.),

2. daß Großbritannien mit oder ohne Irland und ohne eine andere Besitzung keinen vernünftigen Grund haben kann, eine Verletzung durch irgendeine andere Nation der Erde zu befürchten.

Was Frankreich betrifft, so setze ich an Stelle des letzteren dieser eben angeführten Sätze den folgenden:

3. Daß Frankreich, wenn es allein steht, gegenwärtig (1786—89) von keiner anderen Nation etwas zu fürchten hat als von England und wenn es von seinen auswärtigen Besitzungen entblößt wäre, hätte es von Großbritannien nichts zu befürchten.

XI. Daß unter der Voraussetzung eines vollkommenen Einverständnisses zwischen Frankreich und England die Hauptschwierigkeiten für die Verwirklichung eines Planes für den allgemeinen und dauernden Frieden für ganz Europa beseitigt wären.[1])

XII. Daß zur Aufrechterhaltung einer solchen Pazifikation allgemeine und dauernde Verträge formuliert werden könnten, welche die Zahl der zu haltenden Truppen beschränken würden.[2])

XIII. Daß die Aufrechterhaltung einer solchen Pazifikation erheblich erleichtert werden könnte durch Einrichtung eines gemeinsamen Gerichtshofes zur Entscheidung von Streitigkeiten zwischen den verschiedenen Nationen, obgleich ein solcher Gerichtshof nicht mit einer Zwangsgewalt auszustatten wäre.[3])

XIV. Daß die Geheimhaltung in den Vorkehrungen des auswärtigen Amtes in England nicht zu dulden wäre, denn sie ist völlig nutzlos und widerstreitet in gleicher Weise den Interessen der Freiheit wie des Friedens.[4])

---

5. durch Handelsgewinn. Die Vorzugsstellung, die Bentham der Landwirtschaft einräumt, geht auf die Physiokraten zurück; die Schule von Ad. Smith ging über diese Lehre hinaus, wie ein Blick auf diese Aufzählung zeigt.

[1]) Bentham ist so wenig utopisch, daß er sich auf die damals besonders aktuellen Kriegsanlässe beschränkt und zunächst nur für einen dauernden Frieden innerhalb Europas Vorschläge macht.

[2]) Vgl. Punkt 4 der Vorschläge des internationalen Friedensbureaus oben S. 69.

[3]) Vgl. Punkt 3 jener Vorschläge.

[4]) Vgl. Punkt 5 jener Vorschläge.

Zum I. Satze: „Daß es nicht im Interesse Großbritanniens liegt, irgendwelche auswärtige Besitzungen zu haben."

Die Wahrheit dieses Satzes wird sich ergeben, wenn wir erwägen,

1. daß auswärtige Besitzungen die Kriegsgefahr erhöhen:
   a) durch Vermehrung der Zahl der möglichen Streitpunkte,
   b) durch naturgemäße Dunkelheit des Rechtstitels im Falle neuer Ansiedelungen oder Entdeckungen,
   c) durch die naturgemäße Verdunkelung von Beweisen infolge der Entfernung,
   d) durch die Tatsache, daß der Krieg weniger Eindruck macht, wenn sein Schauplatz weit entfernt ist, als wenn er näher der Heimat ist.

2. Daß Kolonien selten,[1]) wenn überhaupt je, Quellen des Vorteiles fürs Mutterland sind.

Die gewinnbringende (profitable) Produktion hat 5 Arten: 1. Rohproduktion, umfassend Landwirtschaft, Bergbau und Fischerei, 2. Gewerbe, 3. Binnenhandel, 4. Außenhandel, 5. Frachtgeschäft.[2])

Da das Maß gewinbrinngender Betätigung, die in einem Lande betrieben werden kann, beschränkt ist durch das Maß des Kapitals, über die das Land verfügt, so folgt, daß kein Teil dieser Menge zu irgend einem Zwecke verwendet werden kann, ohne daß er allen anderen entzogen oder vorenthalten werden

---

[1]) Ich möchte nur unterstreichen, daß Bentham hier die Kolonien nicht für schlechthin nutzlos erklärt, sondern nur die Vorteilhaftigkeit ihrer politischen Beherrschung bestreitet, ähnlich wie Angell in dem Kapitel seines Werkes, das die Überschrift führt: „Wie man Kolonien besitzt." Auch John Stuart Mill war der Meinung, daß England ohne seine Kolonien wohl bestehen könne. Kurz und bündig handelt Bentham über Kolonien auch in der Schrift „Théorie des peines et des récompenses", red. par Dumont, Londres 1811, II. Bd., S. 314f. Die Kolonisation sei ein vortreffliches Mittel, um gegenwärtigen oder künftigen Bevölkerungsüberschuß abzuleiten; nur als Mittel der Bereicherung des Mutterlandes verwirft er sie. Die Errichtung von Kolonien hält er für etwas, was dem allgemeinen Besten zuträglich ist (II. Bd., S. 316).

[2]) Die Aufzählung stammt im wesentlichen von Smith.

muß. Es kann daher keiner von ihnen ermutigt werden, ohne daß alle andern in dem Verhältnisse entmutigt werden. Die Regierung kann nichts tun, um jemanden zu veranlassen, sein Kapital in einem dieser Zweige zu investieren oder zu belassen, ohne ihn zugleich zu veranlassen, in demselben Grade dieses Kapital allen andern Zweigen zu entziehen oder vorzuenthalten. Von diesen 5 Zweigen ist keiner den übrigen in einem solchen Grade an Gemeinnützigkeit überlegen, daß es der Mühe wert wäre, die Macht des Gesetzes anzurufen, um ihm einen Vorteil zuzuwenden.[1]) Wenn aber einer darunter ist, so ist es fraglos die Verbesserung und Kultivierung des Bodens. Jede fiktive Unterstützung dieser rivalisierenden Erwerbszweige ist im selben Verhältnisse eine Entmutigung für den Ackerbau. Jede Ermutigung irgend eines der Industriezweige, welche Artikel produzieren, die gegenwärtig an die Kolonien verkauft werden, ist eine verhältnismäßige Entmutigung für den Ackerbau.[2])

Wenn man herausbringen will, daß Kolonien für das Mutterland vorteilhaft sind und das Maß des Vorteiles geschätzt werden soll, so ist die Methode, nach welcher die Schätzung vorgenommen wird, seltsam genug. Man berechnet, was sie ausführen, und das ist fast ihre ganze Produktion. All dies, sagt man, ist Euer, solange Ihr die Kolonien habet; genau das verliert Ihr, wenn Ihr die Kolonien verliert. Wieviel von all dem ist Euer? Nicht ein einziger halber Pfennig. Wenn sie es Euch wegführen lassen, geben sie es Euch umsonst? Nein. Sie lassen Euch dafür bezahlen, genau so wie es jeder andere tun würde. Wieviel? Genau soviel, wie Ihr ihnen zahlen würdet, wenn sie sich selbst oder irgend jemand anderem (politisch) gehören würden.

---

[1]) Hier ist also die Gemeinnützigkeit des Handels betont.

[2]) Der Ackerbau, den Bentham heben wollte, spielt in den vereinigten drei Königreichen heute nur eine geringfügige Rolle und macht das Inselreich in höchstem Maße von der Getreidezufuhr abhängig, jedoch nicht infolge künstlicher Begünstigung der Industrie. Vgl. Dr. Karl Peters, England und die Engländer, Hamburg 1915; dann: Die wirtschaftlichen Grundlagen der kriegführenden Mächte. Von Prof. Dr. A. Oppel-Bremen. Verlag Veit & Comp. in Leipzig. S. 30f. Vgl. auch Georg Immer, Los vom englischen Weltjoch. Leipzig 1915. S. 18; N. G. Schmidt, Geschichte des Welthandels. Leipzig 1911. (Aus „Natur und Geisteswelt“) S. 131² und Eduard Meyer, a. a. O. S. 73f. Das Buch dieses Historikers entwirft von England ein minder freundliches Bild als das von Peters.

Für die Aufrechterhaltung von Kolonien gibt es einige eingestandene Gründe neben anderen, die nicht eingestanden werden. Von den eingestandenen ist der wichtigste der Handelsvorteil: „Wenn die Kolonien Euch nicht untertan wären, würden sie nicht mit Euch Handel treiben; sie würden keine Güter von Euch kaufen, noch würden sie ihre Güter Euch verkaufen, Ihr wäret dessen wenigstens nicht sicher, denn die Kolonien anderer Staaten läßt man, wie Ihr sehet, mit Euch nicht Handel treiben. Gebt Euere Kolonien auf, und Ihr gebt so viel von Euerem Handel auf, als mit Eueren Kolonien im Schwunge ist.“ Nein! wir geben nichts dergleichen auf, nein, wir geben überhaupt nichts auf! Handel mit Kolonien kann ebensowenig wie mit irgend einem anderen ohne Kapital betrieben werden; genau so viel von unserem Kapital, wie in unserem Handel mit den Kolonien verwendet wird, genau so viel wird anderswo nicht verwendet, genau so viel ist anderem Handel entzogen oder vorenthalten.

Nehmen wir nun an, daß irgend ein Zweig des Handels oder der Industrie zurückgeht, ja ganz verloren wird, ist das ein dauernder Verlust für die Nation? Nicht der geringste; wir kennen die schlimmste Folge, die so ein Verlust haben kann. Das Kapital, das sonst in dem verlorenen Zweige angewendet worden wäre, wird in der Landwirtschaft angewendet. Der Verlust der Kolonien, wenn seine Folge wirklich der Verlust des Handels mit den Kolonien wäre, wäre im schlimmsten Falle ein ebenso großer Gewinn für den Ackerbau.

Andere Gründe gegen entlegene Herrschaftsgebiete kann man in einer Betrachtung dessen, was die Güte einer Regierung beeinflußt, finden. Entferntes Unheil macht wenig Eindruck auf die, von denen seine Heilung abhängt. Ein einziger Mord, in London begangen, macht mehr Eindruck, als wenn Tausende von Mordtaten und anderen Grausamkeiten in Ostindien verübt werden. Die Lage des Hastings erregte — nur weil er anwesend war — Mitleid bei denen, welche die Einzelheiten der von im begangenen Grausamkeiten gleichgültig anhörten.[1])

---

[1]) Vgl. Tönnies (a. a. O. S. 27) über Warren Hastings: „Die Greuel, zu denen er sich berechtigt gehalten hatte, lagen damals in unendlich weiter räumlicher Entfernung“. Macaulays berühmte Schilderung Hastings' ist in Reclams Universalbibliothek übersetzt erschienen.

Die Mitteilung von Beschwerden kann nicht zu rasch erfolgen von Seite derer, die sie fühlen an jene, die die Macht haben, ihnen abzuhelfen. Der Grund, den der König in der Schrift angibt für sein Eingreifen, um Abhilfe zu gewähren, ist der wahre Grund, der ursprünglich dieses Eingreifen veranlaßte: „Sieh was jene Leute begehren" sagt der Herrscher zu den Dienern der Gerechtigkeit, „daß ich nicht mehr von ihrem Lärm behelligt werde." ... Das Motiv, das im Neuen Testament dem ungerechten Richter zugeschrieben wird, ist eben das Motiv, das man dort den Herrscher, der die „Quelle der Gerechtigkeit" genannt wird, in dieser Weise eingestehen läßt.

Folgende sind also die letzten Maßregeln, welche ergriffen werden sollten: 1. Gebt alle Kolonien auf. 2. Gründet keine neuen.[1])

Die Gründe dafür, alle Kolonien aufzugeben, sind kurz diese:

I. Interesse des Mutterlandes:

1. Ersparung der Ausgaben der Zivil- und militärischen Organisationen.
2. Ersparung der Kriegsgefahr
   a) um ihren Gehorsam zu erzwingen,
   b) wegen der Eifersucht, hervorgerufen durch die scheinbare Macht, die sie verleihen.
3. Ersparung der Ausgaben für ihre Verteidigung im Falle eines Krieges aus anderen Gründen.
4. Man entledigt sich der Korruptionsmöglichkeiten infolge von Protektionswesen
   a) in ihrer Zivilverwaltung,
   b) in der Heeresmacht, die zu ihrer Verteidigung verwendet wird.

---

[1]) Gemeint ist: „um durch politische Beherrschung Handelsvorteile oder sonstigen materiellen Gewinn erwerben zu wollen", vgl. oben S. 100. „Den unschätzbaren Vorteil, den eine, wenn auch nur locker gefügte Verbindung mit großen, immer reicher sich entwickelnden Kolonialgebieten gerade für das Verkehrsleben, für den Absatz der eigenen Erzeugnisse und die Einfuhr der Rohprodukte und die ganze unentbehrliche Versorgung mit Lebensmitteln besaß" (Meyer S. 138), erkannte erst eine spätere Zeit.

5. Vereinfachung des ganzen Regierungsapparates und daher Erleichterung der Aneignung größerer Geschicklichkeit in den Regierungsgeschäften
   a) für die Mitglieder der Regierung,
   b) für das Volk.

Note. Gründe für das Aufgeben von Gibraltar: 1. Kosten des militärischen Apparates, z. B. Befestigungen, Garnisonen, Artillerie, Rekrutierungsdienst, Verproviantierung. 2. Die Mittel der Korruption infolge von Protektion. 3. Die Vermeidung eines Krieges mit Spanien, für das der Besitz von Gibraltar eine unaufhörliche Provokation ist. 4. Der Preis, der von Spanien im Tauschwege zu erhalten wäre. 5. Ersparung der eventuellen Kosten einer Verteidigung und Verproviantierung im Kriegsfalle. 6. Sein Besitz ist nutzlos; man sagt, es sei nützlich nur wegen des Handelts mit der Levante, aber wir könnten a) diesen Handel ebensogut ohne Gibraltar aufrechterhalten; b) wenn wir das nicht könnten, so würden wir keinen Verlust erleiden. Das in diesem Handel verwendete Kapital wäre ebenso produktiv, wenn es in irgend einem andern Verwendung fände; c) wenn man annimmt, dies sei der produktivste Handel, so wäre das, was wir durch den Verlust Gibraltars verlieren würden, nur gleich der Differenz zwischen dem Prozentsatz, der in diesem Handel und zwischen dem Prozentsatz, der in dem nächstgewinnreichen Handel verdient wird; d) wir könnten das tun, was die Schweden, Dänen, Holländer usw. noch tun, und was wir taten, bevor wir noch Gibraltar besaßen.[1])

Gründe für das Aufgeben von Ost-Indien: 1. Vermeidung der Kriegsgefahr. 2. Loswerden der Mittel zur Korruption durch Protektion in Zivil- und Militäverwaltung. 3. Vereinfachung des Regierungsapparates. 4. Entfall von Verfolgungen, die die Zeit des Parlamentes in Anspruch nehmen und den Verdacht der Ungerechtigkeit erwecken. 5. Vermeidung der sittlichen Korruption der Eingeborenen durch das Beispiel erfolgreicher Raubgier.

Das Niveau der Volksintelligenz wird verschlechtert durch die falschen Ansichten, die aufrechterhalten werden müssen, um die Nation zu verhindern, ihre Augen zu öffnen und auf der Befreiung der Kolonien zu bestehen. Gleichzeitig ist das Ergebnis eine Verschlechterung der Regierung im Mutterlande infolge der Verwicklung der Interessen, der Ungeklärtheit der Anschauungen und des Zeitverbrauches, hervorgerufen durch die Lasten der entfernten Ansiedlungen.

II. Interessen der Kolonien:

1. Verminderung der Wahrscheinlichkeit schlechter Regierung infolge von entgegengesetzten Interessen;
2. infolge von Unwissenheit.

---

[1]) Vgl. Angell, 5. Kapitel: „Auswärtiger Handel und Militärmacht.“

Die reellen Interessen der Kolonie müssen den imaginären Interessen des Mutterlandes geopfert werden.[1]) Nur zum Zweck schlechter Herrschaft und zu keinem andern kann man wünschen, eine Kolonie zu gewinnen oder zu behalten. Für den, der sie gut regiert, ist sie ohne Nutzen. Regiert Ihr sie so gut, wie sie die Bewohner selbst regieren würden, so müßt Ihr die zur Regierung berufen, die sie selbst wählen würden. Man darf keine ihrer Interessen den eigenen aufopfern, man muß ihren Interessen ebensoviel Aufmerksamkeit widmen, wie sie selbst es täten. Mit einem Wort, man muß eben die Maßregeln ergreifen und keine andern, die sie selbst ergreifen würden. Aber wäre dies nun eine Herrschaft und wenn sie es wäre, welchen Wert hätte sie für Euch?[2])

Zudem wäre es unmöglich sie so zu regieren, wie sie selbst es täten, infolge der räumlichen Entfernung.

Note. In dem Verhältnis, wie wir die Dinge sehen — wie sie in den Bereich unserer Aufmerksamkeit und Beobachtung gebracht werden — bekümmern wir uns um sie. Ein Minister, der nicht einen Menschen mit eigenen Händen töten würde, trägt kein Bedenken, den Tod von vielen Tausenden herbeizuführen durch die Hände anderer in weiter Entfernung.

Mittel zur Annäherung an das Ziel sind folgende:

1. Keine Militärgewalt in einer Kolonie unterhalten.
2. Kein Geld für Erhaltung einer Zivilverwaltung in einer Kolonie aufwenden.
3. Die Beamten in einer Kolonie solange ernennen, als sie es gestatten, sobald sie eine solche Ernennung bestreiten, nachgeben.
4. Man gebe allgemeine Anweisungen an die Gouverneure, allen Gesetzentwürfen, die ihnen vorgelegt werden, zuzustimmen.
5. Kein Geld für Befestigungen aufwenden.

Ad II. Daß es nicht im Interesse Großbritanniens liegt, irgend einen Allianz-Vertrag mit irgend einer

---

[1]) Vgl. Angell, 7. Kapitel.

[2]) Vgl. Angell S. 119 (7. Kapitel): „Aber was in aller Welt, im Namen des gesunden Menschenverstandes, ist denn der Vorteil, Kolonien zu erobern, wenn die einzige Politik, sie zu erhalten, die ist, daß man sie tun läßt, was sie wollen, gleichgültig, ob sie im Recht oder Unrecht sind, und vielleicht noch mehr im letzteren Falle? Was kann es nützen sie zu erobern, wenn man sie durch Gewalt zu nichts zwingen kann?“ usw. usw.

andern Macht zu haben.[1]) Grund: Man entgeht der Gefahr eines Krieges, die daraus entsteht. Und speziell sollte Großbritannien keine fremde Verfassung garantieren. Grund: Man vermeidet die Gefahr des Krieges, die aus dem Odium einer so tyrannischen Maßregel resultiert.

Ad III. Daß es nicht im Interesse Großbritanniens liegt, irgend einen Vertrag mit irgend einer Macht zu haben zu dem Zwecke, irgend einen Vorteil in Bezug auf den Handel zu besitzen unter Ausschluß welcher anderen Nation immer. Daß der Handel jeder Nation durch die Menge des Kapitals beschränkt wird, ist so klar und einleuchtend, daß es einen Platz unter den selbstverständlichen Sätzen beanspruchen kann. Aber man wird nicht erwarten, daß selbstverständliche Sätze so leicht zugegeben werden, wenn man sie überhaupt zugibt, sobald ihre Konsequenzen mit vorherrschenden Leidenschaften und feststehenden Vorurteilen zusammenprallen.

Nationen setzen sich aus Individuen zusammen. Der Handel einer Nation muß durch dieselben Gründe beschränkt werden, die den Handel des Individuums beschränken. Jeder einzelne Kaufmann kann keinen größeren Handel betreiben, als sein ganzes Kapital und der ganze Kredit, den er mit Hilfe seines Kapitales erhalten kann, zuläßt. Da dies von jedem Kaufmann gilt, so gilt dies ebenso von der ganzen Summe der Kaufleute zusammen genommen.

Viele Schriftsteller erkennen ausdrücklich den Satz an, daß der Umfang des Handels, den eine Nation betreiben kann, begrenzt ist, und zwar begrenzt durch die Menge seines Kapitals. Niemand bestreitet den Satz selbst, aber fast alle gehen an einer oder der andern Stelle von der gerade entgegengesetzten Voraussetzung aus: sie setzen voraus, der Umfang des Handels habe keine wie immer geartete Begrenzung.

---

[1]) Ähnliche Stimmen lassen sich auch heute vernehmen: Prof. Otfried Nippold in Blätter für zwischenstaatliche Organisation, März 1915, „Keine Bündnisverträge mehr!“: „Diese Bündnisse dienen in Wirklichkeit gar nicht etwa reellen Bedürfnissen, sondern sie verdanken vor allem der Eitelkeit und dem Ehrgeiz der Diplomaten ihre Fortdauer und fungieren daneben als Erreger von gegenseitigem Mißtrauen. Die Völker würden daher ohne diese Bündnisverträge zweifellos besser daran sein.“

„Es ist töricht, Fabrikate zu kaufen, weise, Rohmaterialien zu kaufen.“ Warum? „Weil man sie, verarbeitet, im Inlande oder noch besser im Auslande verkaufen kann und den Profit des Produzenten behält man zur Gänze als reinen Gewinn.“ Hierbei ist nur vergessen, daß der Produzent, um sein Gewerbe zu betreiben, ein Kapital haben muß, und daß genau soviel Kapital, als auf diese Weise verwendet wird, in einem andern Erwerbszweige nicht verwendet werden kann.

Daher die völlige Nutzlosigkeit und Schädlichkeit aller Gesetze und öffentlichen Maßnahmen zur angeblichen Ermutigung des Handels, aller Prämien, in welcher Form immer, aller Auslandsboykotte und Vereinbarungen, einheimischen Erzeugnissen vor fremden den Vorzug zu geben, ausgenommen zum Zwecke zeitweiliger Abhilfe in einer zeitweiligen Notlage.

Von den beiden Mitteln, Prohibitivmaßregeln und Prämie oder Strafe und Belohnung sind die letzteren, nämlich Prämie und Belohnung,[1]) die unvergleichlich schädlicheren. Prohibitivmaßregeln, außer so lange sie neu sind und Leute mit großem Schaden aus den Beschäftigungen vertreiben, in denen sie ihr Geld angelegt haben, sind bloß ohne Nutzwirkung, Prämien dagegen sind verschwenderisch und drückend zugleich: sie erpressen Geld von dem einen, um einen anderen dafür zu bezahlen, daß er einen Erwerbszweig betreibt, für dessen Betrieb man ihn nicht bezahlen müßte, wenn er nicht Verlust brächte.

Wie nun, sind denn alle Produktionszweige gleich? Kann nicht der eine vorteilhafter sein als der andere? Gewiß. Aber ist der gerade in Gunst stehende tatsächlich gewinnbringender als irgend ein anderer? Das ist die einzige Frage, die zu stellen wäre, und gerade diese Frage denkt niemand zu erheben.

Würde man diese Frage stellen und beantworten und noch so klar beantworten, so wäre sie doch als Grundlage für einen dauernden Plan der Wirtschaftspolitik nicht brauchbar. Warum? Weil fast ebensobald als bekannt wird, daß ein Erwerbszweig gewinnbringender ist als die anderen, er aufhört es zu sein. Man drängt von allen anderen Erwerbszweigen herzu und das alte Gleichgewicht ist sogleich wieder hergestellt. „Die einheimischen Kaufleute haben ein Monopol gegenüber den fremden?“

---

[1]) Vgl. „Théorie des peines et des récompenses“, rédigé par Dumont. Londres 1811 (s. oben S. 57).

Richtig, aber sie haben kein Monopol untereinander. „Die Leute können nicht jeden Augenblick den weniger produktiven Erwerb, in den sie ihr Kapital angelegt haben, verlassen und ihr Kapital diesen einträglicheren zuführen!“ Allerdings, aber es gibt junge Anfänger und alte erfahrene Kaufleute, und die erste Sorge eines Anfängers, der ein Kapital in einem Industriezweige verwenden will, ist, nach dem einträglichsten Umschau zu halten.

Ein Einwand: „Ja, aber das Gewerbe (manufacture) ist es, das die Nachfrage nach den Produkten der Landwirtschaft hervorruft. Du kannst daher die landwirtschaftliche Produktion nicht anders vermehren als durch Steigerung des Gewerbes.“ Keineswegs. Ich gebe den Vordersatz zu, leugne aber den Nachsatz. Gesteigerter Gewerbfleiß erzeugt sicherlich eine Steigerung in dem Bedarf an landwirtschaftlichen Produkten. Ebenso sicher ist aber, daß die Steigerung des Gewerbfleißes nicht notwendig ist, um eine Steigerung dieses Bedarfes herbeizuführen. Landleute können leben ohne Bänder, Gaze oder feinen Batist. Weber von Bändern, Gaze oder feinem Batist können aber nicht leben ohne die Produkte der Landwirtschaft; die Lebensnotwendigkeiten können nie ihren Wert verlieren. Diejenigen, welche sie erzeugen, bilden selbst einen Markt für ihre Erzeugnisse. Ist es möglich, daß Lebensmittel zu billig sein könnten? Besteht gegenwärtig eine Gefahr in dieser Richtung? Man nehme an (trotz der völligen Absurdität dieser Annahme) daß Lebensmittel infolge Erhöhung der Produktion und Mangel an gewerblichen Arbeitern, die sie verbrauchen würden, allmählich zu billig werden würden, was wäre die Folge? Die steigende Wohlfeilheit würde die Möglichkeit und Neigung zu heiraten steigern; infolgedessen würde die Bevölkerung des Landes wachsen und die so erzeugten Kinder, indem sie aufwachsen und essen, wieder das schreckliche Übel eines Überflusses an Lebensmitteln hintanhalten.[1]

Lebensmittel, die Produkte des Ackerbaues, erzeugen konstant und notwendig einen Markt für sich selbst. Je mehr Nahrungsmittel jemand über das Maß dessen, was für seinen eigenen Konsum notwendig ist, einbringt, destomehr kann er anderen

[1]) Es verdient vielleicht angemerkt zu werden, daß das „Essay on the principle of population“ von Malthus 1798 erschien, während die Abhandlung Benthams aus den Jahren 1786—1789 stammen. Im übrigen ist der Zusammenhang zwischen Wohlfeilheit und Bevölkerungszunahme nicht in dieser Weise festzustellen.

geben, um sie zu bestimmen, ihn mit allem — außer Lebensmitteln — zu versehen, was er zu haben wünscht. Mit einem Worte, je mehr er erübrigt, destomehr kann er an Gewerbsleute abgeben; indem diese es ihm abnehmen und ihn mit den Erzeugnissen ihrer Arbeit bezahlen, gewähren sie die Unterstützung, deren die Erzeugung der Früchte des Ackerbaus bedarf.

Man kann daher nie zu viel Ackerbau haben. Solange es unbebauten Boden gibt oder Boden der besser bebaut werden könnte, als er es ist, kann der Allgemeinheit kein Nachteil daraus erwachsen, daß man Kapital irgend einem anderen Gewerbszweige vorenthält oder entzieht und ihn dem Ackerbau zuwendet. Es ist daher unmöglich, daß der Verlust irgendeines Handelszweiges der Gemeinschaft einen Nachteil bringe außer dem zeitweisen Unglück, den die empfinden, die in dem gegebenen Zeitpunkte daran beteiligt sind, wenn der Sturz plötzlich eintritt.

Aus dem obigen ergibt sich die Richtigkeit folgender Maßregeln:

1. Daß keine Verträge geschlossen werden sollten, die Handelsvorteile gewähren.
2. Daß man sich in keinen Krieg einlassen soll, um solche Verträge zu erzwingen.
3. Daß man keine Alliance abschließen soll, um sie zu erkaufen.
4. Daß man einzelne Zweige des Handels nicht fördern soll
   a) durch Verbot von rivalisierenden Gewerben,
   b) durch Besteuerung dieser letzteren,
   c) durch Prämien für den Handel den man fördern will. Alle Prämien für einzelne Erwerbszweige stiften mehr Schaden als Nutzen.
5. Daß man sich in keine Verträge einlassen soll, die Handelsvorteile sichern sollen. Diese Verträge sind nutzlos, denn sie vermehren die Menge des Reichtumes nicht, sie beeinflussen nnr seine Richtung.

Ad IV. Daß es nicht im Interesse Großbritanniens liegt, eine Seemacht zu unterhalten, über das Maß dessen was genügend ist, um seinen Handel gegen Seeräuber zu schützen.

Es ist unnötig, weil sie nur zur Verteidigung der Kolonien oder zum Zwecke von Kriegen dient, die unternommen werden, um Handel oder Handelsverträge zu erzwingen.[1])

Ad V. Daß es nicht im Interesse Großbritanniens liegt, irgendwelche Veranstaltungen aufrecht zu erhalten als entfernte Vorbereitung der Vermehrung oder Erhaltung seiner Seemacht, wie z. B. die Navigationsakte, Prämien für den grönländischen und anderen Handel, der als Pflanzstätte für Seeleute gilt.

Dieser Satz ist eine notwendige Folge des vorhergehenden.

Ad VI bis X.

Die vorstehenden Sätze gelten analog für Frankreich.

Ad XI und XII.

Daß unter der Voraussetzung eines vollkommenen Einverständnisses zwischen Frankreich und England, die Hauptschwierigkeiten für die Verwirklichung eines Planes für den allgemeinen und dauernden Frieden für ganz Europa beseitigt wären.

Daß zur Aufrechterhaltung einer solchen Pazifikation allgemeine und dauernde Verträge formuliert werden könnten, welche die Zahl der zu haltenden Truppen beschränken würden.[1])

Note. Präzedenzfälle: 1. Abrüstungsvertrag zwischen Frankreich und England 1787; das ist ein Präzedenzfall der Maßregel oder Vereinbarung selbst. 2. Der bewaffnete Neutralitätsbund;[2]) dies ist ein Präzedenzfall für die Art, wie man die Maßregel zustande bringen kann, und dient als Beweis gegen die Behauptung der Unmöglichkeit einer allgemeinen Übereinkunft unter mehreren Nationen. 3. Der Vertrag, der die Befestigung von Dünkirchen verbietet.

Wenn die einfachen Beziehungen einer einzelnen Nation zu einer anderen einzelnen Nation betrachtet werden, so wäre die Sache vielleicht nicht sehr schwer. Das Unglück ist, daß sich fast überall komplizierte Beziehungen ergeben. In bezug auf Landtruppen sagt Frankreich zu England: „Ich würde gern

---

[1]) Für die heutigen, so gründlich geänderten Umstände ist die Nutzanwendung mutatis mutandis leicht zu machen.

[2]) Die sog. „bewaffnete Neutralität“ wurde von den neutralen Staaten im Kriege zwischen England und Frankreich gegen die Willkürherrschaft Englands zur See 1780 geschlossen.

mit Dir einen Abrüstungsvertrag schließen, wenn Du allein da wärest; aber ich muß Truppen haben, um mich gegen die Österreicher zu verteidigen.“ Auch Österreich könnte dasselbe zu Frankreich sagen. Aber man muß sich gegenüber Preußen, Rußland und der Pforte vorsehen. Und dasselbe könnte Preußen mit Rücksicht auf Rußland anführen.

Soweit dagegen Seestreitkräfte in Betracht kommen, wäre die Schwierigkeit, wenn man bloß Europa im Auge hätte, vielleicht nicht gar so bedeutend. Betrachtet man Frankreich, Spanien und Holland zusammengenommen als ein Gegengewicht gegen die englische Macht, — indem man etwa die Nachteile in Betracht zieht, die ein Zusammenwirken dreier verschiedener Nationen begleiten, von der Langsamkeit und Öffentlichkeit der Vorgänge zu schweigen — so könnte England allen zusammen vielleicht eine Gesamtmacht gleich der Hälfte oder mehr seiner eigenen zugestehen. Ein Übereinkommen dieser Art wäre nichts Unehrenhaftes.

Wenn die Vereinbarung nur für eine Seite gelten sollte, dann allerdings. Betrifft sie aber beide Teile zusammen, so nimmt die Gegenseitigkeit die Bitterkeit hinweg. Durch den Vertrag, welcher dem ersten punischen Krieg ein Ende machte, wurde die Zahl der Schiffe, welche die Karthager unterhalten durften beschränkt. War diese Bedingung nicht demütigend? Mag sein. Aber wenn sie es war, so muß sie es deshalb gewesen sein, weil auf Seite der Römer ihr nichts entsprach. Ein Vertrag, der alle Sicherheit nur der einen Seite bot, welchen Grund konnte er haben? Nur den einen, nämlich die eingestandene Überlegenheit jener Vertragsseite, die auf diese Weise so zweifellos sichergestellt wurde; eine solche Bedingung konnte nur ein Gesetz sein, das der Sieger dem Besiegten diktiert das Gesetz des Stärkeren. Nur ein Sieger konnte es diktieren, nur der Besiegte mußte sich ihm unterwerfen.

Die Nation dagegen, welche der anderen mit dem Vorschlage zuvorkäme, die Stärke der Heeresmacht (gegenseitig) zu beschränken und festzusetzen, würde sich mit ewigem Ruhme bekränzen. Das Risiko wäre gleich Null, der Gewinn sicher. Der Gewinn wäre der, daß man einen unanfechtbaren Beweis seiner eigenen Friedensliebe gäbe und den Beweis der gegenteiligen Gesinnung bei der anderen Nation, wenn sie den Vorschlag zurückweist.

Die äußerste Aufrichtigkeit (fairness) müßte angewendet werden! Die Nation, an welche sich die Aufforderung richtet, müßte eingeladen werden, zu erwägen, und anzugeben, welche weiteren Sicherheiten sie für nötig halte und welche weiteren Konzessionen sie als gerecht ansehe. Der Vorschlag sollte in einer möglichst öffentlichen Form gemacht werden. Er sollte ein Antrag (address) von Volk zu Volk sein. Dies würde zugleich das Vertrauen der aufgeforderten Nation gewinnen und es der Regierung dieser Nation unmöglich machen, sich über ihn hinwegzusetzen oder sich ihm durch Ausflüchte und Entschuldigungen zu entziehen.

Der Vorschlag würde das Herz der Nation, an die er sich richtet, erforschen, er würde ihre Absichten zutage fördern und sie der Welt verkünden.

Die Sache der Menschheit hat noch eine andere Hilfsquelle. Wenn England sich taub und unzugänglich erweisen sollte, so sollte Frankreich ohne Bedingung seine Kolonien freigeben und seine Flotte auflösen. Der Vorteil auch unter dieser Bedingung wäre ungeheuer, Gefahr keine. Daß die Kolonien eine Quelle von Ausgaben nicht von Einnahmen sind, habe ich bereits gezeigt, eine Last fürs Volk, nicht eine Unterstützung, Das gilt, wenn man nur die Ausgaben in Betracht zieht, die auf den ersten Blick als Kolonialausgaben erscheinen und die die einzigen sind, die man bisher auf diese Rechnung gesetzt hat. Tatsächlich aber gehören die ganzen Kosten der Marine in diese Rechnung und in keine andere. Welche andere Bestimmung hat sie, welche kann sie haben. Keine. Nehmet die Kolonien weg, welchen Zweck hätte ein einziges Schiff außer den wenigen, die im Mittelmeer nötig sind, um die Piraten in Schach zu halten.

Im Falle eines Krieges, wo würde England gegenwärtig (1789) seinen ersten und einzigen Angriff gegen Frankreich unternehmen? In den Kolonien. Welchen Erfolg würde es sich von einem solchen Angriff versprechen? Was sonst, als Frankreich seiner Kolonien zu berauben. Wären diese Kolonien, diese Zankäpfel nicht länger sein, was könnte England dann tun, was könnte es noch zu tun wünschen?

Es bliebe noch das Territorium von Frankreich; in welcher Absicht könnte England irgend einen Angriff dagegen unternehmen? Nicht mit der Absicht einer dauernden Eroberung; solche Tollheit gehört unserm Zeitalter nicht an. Das Parlament selbst, möchte man zu behaupten wagen ohne ihm damit ein ganz außerordentliches Kompliment zu machen, würde sie nicht wünschen. Es würde sie nicht wünschen, selbst wenn sie ohne Anstrengung von unserer Seite, ohne Widerstand von der andern erreicht werden könnte. Es würde es nicht, selbst wenn Frankreich es verlangen würde. Kein Parlament würde einen Pfennig für einen solchen Zweck bewilligen; wenn es dies täte, wäre es nicht einen Monat Parlament; kein König würde seinen Namen zu einem solchen Projekt hergeben. Er würde ebenso sicher und ebenso verdientermaßen entthront werden, wie Jakob II. Zu sagen, ich will König von Frankreich sein, hieße mit andern Worten, ich will in England absolut sein.

Nun wohl, niemand würde im Traume an Eroberung denken. Welchen andern Zweck könnte eine Invasion haben? Die Plünderung und Verwüstung des Landes? Eine solche Niedrigkeit widerstrebt nicht nur dem Geiste der Nation, sondern auch dem Geiste der Zeit. Bosheit könnte das einzige Motiv sein, Raubsucht selbst könnte sie nimmer anraten. Lange, ehe eine Armee irgendwohin gelangen könnte, würde alles was fähig wäre geplündert zu werden, fortgebracht sein. Was tragbar ist, könnte viel früher von den Eigentümern fortgebracht werden, als von einer plündernden Armee. Keine Plünderungsexpedition könnte sich je bezahlt machen.

Note. Siehe die Taten im Kriege von 1755 und 1763. Vorurteil verlangte einen Angriff des Feindes im eigenen Lande, Menschlichkeit verbot, ihn zu schädigen. Nicht nur, daß man durch die Expedition nichts gewann, der Schaden, den man dem Lande zufügte, war nicht entfernt gleich den Kosten der Invasion. Wenn ein Japaner sich den Bauch aufschlitzt, so tut er es in der Gewißheit, daß sein Feind seinem Beispiele folgen wird. Aber in diesem Falle schlitzte sich der Engländer den Bauch auf, damit der Franzose eine Schramme davontrage. Warum diese Absurdität? Weil wir im Kriegszustande waren, und wenn die Nationen im Kriege stehen, so muß etwas getan werden, oder es muß mindestens scheinen, daß man etwas tue, und man konnte sonst nichts tun. Frankreich war bereits seiner Kolonien beraubt.

Derart ist die äußerste Tollheit, der Wahnsinn des Krieges: unter keiner Voraussetzung kann er anders als unheilvoll sein, insbesondere zwischen Nationen, die in der Lage von England und Frankreich sind. Wenn auch die Wahl der Ereignisse in jemandes Händen wäre, er könnte sie für sich nicht vorteilhaft machen. Wenn erfolglos, bist du vielleicht geschändet und ruiniert; wenn erfolgreich so sehr du es wünschen kannst, so bist du doch nur um so übler daran. Du bist doch ebenso übel daran, selbst wenn es dich nichts kosten sollte. Denn nicht einmal eine Kolonie eigener Gründung, viel weniger eine Eroberung wird auch nur die eigenen Kosten decken. Die größten Erwerbungen, die man sich denken könnte, wären nicht zu wünschen, selbst wenn man sie mit der größten Sicherheit und ohne die geringsten Kosten erlangen könnte. Im Kriege können wir ebensogut etwas gewinnen, wie nichts gewinnen, ebensogut verlieren, wie irgend eines von beiden. Wir können weder das eine versuchen, noch uns gegen das andere verteidigen, ohne eine sichere und ungeheure Ausgabe.

Man beachte wohl den Kontrast. Jeder Handel ist in seinem Wesen vorteilhaft, auch für den Teil, für den er es am wenigsten ist.[1]) Jeder Krieg ist in seinem Wesen verderblich und doch gehen die großen Anstalten der Regierung darauf aus, Gelegenheiten zum Kriege anzuhäufen und dem Handel Fesseln anzulegen. Fraget den Engländer, was das größte Hindernis für einen sichern und dauernden Frieden sei, er hat seine Antwort bereit: „Es ist der Ehrgeiz", vielleicht wird er hinzufügen „die Verräterei Frankreichs". Ich wünschte, das Haupthindernis eines derartigen Planes wären die Gesinnungen und Gefühle Frankreichs. Wäre dies alles, so brauchte der Plan nicht lange auf seine Annahme zu warten.

Von diesem utopischen Plane ist ohne Zweifel der am meisten utopische Teil, der zur Emanzipation der Kolonien rät. Was wird ein Engländer sagen, wenn er sieht, daß zwei französische Minister (Turgot und Vergennes) jeder an der Spitze seines Ressorts, sich in der Ansicht vereinigen, daß die Vollendung dieser Tatsache, ja ihre schleunige Vollendung, unausweichlich ist und der eine von ihnen keine Bedenken trägt, sie als eminent wünschenswert zu erklären.

Es hieße nur, die Dinge in diesem Punkte auf den Stand zurück bringen, auf dem sie vor der Entdeckung Amerikas waren. Europa hatte damals keine Kolonien, keine auswärtigen Garnisonen, keine stehenden Heere. Es hätte keinen Krieg geführt, außer infolge des Lehensystems, religiöser Gegensätze, Eroberungssucht und Unsicherheit der Thronfolge. Von diesen vier Ursachen ist die erste glücklicherweise überall beseitigt, die zweite und dritte

---

[1]) Auch dieser Satz stammt von A. Smith.

fast überall und jedenfalls bei Frankreich und England; die letzte könnte, wenn sie nicht schon beseitigt ist, mit Leichtigkeit beseitigt werden.

Die moralischen Empfindungen der Menschen in Dingen der nationalen Moral sind noch so weit von Vollkommenheit entfernt, daß in der Skala der Wertungen Gerechtigkeit noch nicht den Vorrang vor Gewalt errungen hat. Doch kann zufälligerweise dieses Vorurteil in gewisser Richtung meinem Vorschlag eher vorteilhaft als nachteilig werden. Die Wahrheit und der Gegenstand dieses Versuchs zwingen mich, zu meinen Landsleuten zu sagen: Es ist an Euch, mit der Umkehr zu beginnen, **Ihr seid die größten Sünder.** Aber die gleichen Erwägungen führen mich auch dazu zu sagen: Ihr seid die stärkste unter den Nationen, wenn auch Gerechtigkeit nicht auf Eurer Seite ist, Stärke ist auf Eurer Seite, und gerade Eure Stärke ist es, die die Hauptursache Eurer Ungerechtigkeit gewesen ist. Wenn der Maßstab der sittlichen Billigung (moral approbation) zur Vollkommenheit gebracht worden wäre, wären solche (ungerechte) Grundsätze weit entfernt davon gewesen, populär zu sein, Klugheit hätte geboten, sie beiseite zu setzen und sie soviel als möglich herab zu stimmen. Demütigung wäre die Wirkung gewesen, die sie auf jene hervorgebracht hätten, denen sie richtig erschienen, Unwillen bei jenen, denen sie falsch erschienen wären. Aber wie ich bemerkt habe, die Menschen haben noch nicht gelernt, in diesen Dingen ihre Gefühle mit der Stimme der Sittlichkeit in Einklang zu bringen. Sie fühlen größeren Stolz, wenn man sie für stark hält, als sie Unwillen empfinden, wenn man sie ungerecht nennt. Der Vorwurf der Ungerechtigkeit scheint eher schmeichelhaft, wenn man ihn in Verbindung mit seiner Ursache betrachtet. Ich fühle das an mir selbst. Wenn aber ich, der ich als der erklärte und bisher einzige Anwalt der Sache der Gerechtigkeit in meinem Vaterlande registriert bin, der Gerechtigkeit einen geringeren Wert beimesse, als ihr zukommt, was kann ich von dem gewöhnlichen Schlag der Menschen erwarten?

XIII. Grundsatz. Die Aufrechterhaltung einer solchen Pazifikation könnte erheblich erleichtert werden durch Errichtung eines gemeinsamen Gerichtshofes zur Entscheidung von Streitigkeiten zwischen den verschiedenen Nationen, obgleich ein solcher Gerichtshof nicht mit einer Zwangsgewalt auszustatten wäre.

Jemand bemerkt, daß keine Nation einer anderen nachgeben sollte in einem Punkte, in dem sie evidentermaßen im Rechte ist. Das muß den Sinn haben: evident im Sinne der Nation, an welche das Ansinnen herantritt nachzugeben. Wozu führt dies? Daß keine Nation irgend etwas aufzugeben hätte, was sie als ihr Recht ansieht, daß keine Nation Konzessionen zu machen hätte. Wo immer eine Meinungsverschiedenheit zwischen den Geschäftsträgern zweier Nationen besteht, hätte der Krieg einzutreten.

Solange es keinen gemeinsamen Gerichtshof gibt, läßt sich manches dafür anführen. Nachgiebigkeit gegenüber notorischer Ungerechtigkeit ruft neue Ungerechtigkeit hervor.[1]) Man errichte einen gemeinsamen Gerichtshof und die Notwendigkeit des Krieges folgt nicht mehr aus der Verschiedenheit der Meinungen. Gerecht oder ungerecht, die Entscheidung des Schiedsrichters wird das Ansehen, die Ehre der Streitpartei wahren.

Kann die vorgeschlagene Einrichtung berechtigterweise phantastisch genannt werden, wenn von ihr bewiesen ist:

1. Daß sie im Interesse der beteiligten Parteien liegt.

2. Daß sie dieses Interesse bereits merklich empfinden.

3. Daß die Lage, in die sie dadurch kämen, keineswegs neu, noch anders wäre als die ursprüngliche Lage, von der sie ausgehen?

Schwierigere und kompliziertere Vereinbarungen sind verwirklicht worden; als Beispiele wären anzuführen: Die bewaffnete Neutralität, die amerikanische Konföderation, der Deutsche Reichstag, die Schweizer Eidgenossenschaft. Warum sollte nicht die europäische Brüderschaft bestehen können ebensogut wie der Deutsche Reichstag oder der Schweizer Bund? Diese Letzteren haben keine ehrgeizigen Absichten, mag sein; aber ist dies nicht schon bei dem Ersteren eingetreten?

Wie sollen wir nun die Zustimmung des Volkes auf unsere Einrichtung vereinigen und seinen Vorurteilen begegnen?

---

[1]) Das ist der Grundgedanke von Iherings „Kampf ums Recht“; vgl. oben S. 84.

Ein Hauptzweck dieses Planes ist, eine Herabminderung — und zwar eine beträchtliche — der Steuerlast des Volkes herbeizuführen. Die Höhe der Reduktion für jede Nation sollte im Vertrage stipuliert sein, und sogar schon vor Unterzeichnung des Übereinkommens könnten Gesetze zu diesem Zwecke bei jeder Nation vorbereitet und allen anderen vorgelegt werden, fertig um in Kraft gesetzt zu werden, sobald das Übereinkommen in den einzelnen Staaten ratifiziert wird.

Durch diese Mittel würde die Volksmasse, der Teil, der am meisten dem ausgesetzt ist, durch Vorurteile verführt zu werden, nicht eher von der Maßregel in Kenntnis gesetzt werden, als bis sie die Entlastung fühlten, die sie ihnen brächte. Sie würden sehen, daß sie zu ihrem Vorteil gedacht war und daß sie keinen andern Zweck verfolgen könne.

Die Vereinigung aller Seemächte, außer England, bei einer früheren Gelegenheit bewies zwei Dinge: Die Vernünftigkeit der Maßregel selbst und die Schwäche von Frankreich im Vergleich zu England. Es war eine Maßregel nicht des Ehrgeizes, sondern der Gerechtigkeit, ein Gesetz zugunsten der Gleichheit, ein Gesetz zugunsten der Schwachen. Kein schlimmer Gewinn wurde dadurch gewonnen oder sollte damit gewonnen werden. Frankreich war damit zufrieden. Warum? — weil es schwächer war als England; es konnte kein anderes Motiv haben, unter keiner anderen Voraussetzung konnte sie für Frankreich von irgend einem Vorteil sein. England war ärgerlich darüber. Warum? — aus dem entgegengesetzten Grunde, es konnte keinen anderen haben.

Oh, meine Landsleute! Reiniget Euere Augen von dem Schleier des Vorurteils, tilget aus Eueren Herzen die „schwarzen Flecken“ übermäßigen Argwohns, falscher Ehrsucht, der Selbstsucht und Anmaßung (false ambition, selfishness, insolence). Die Operation mag schmerzlich sein, aber der Lohn ist köstlich. Wie die Hauptschwierigkeit, so wird die größte Ehre auf Euerer Seite sein.

Was wenn nachher doch Kriege entstehen? — Die inzwischen gemachten Ersparungen werden nichtsdestoweniger reiner Gewinn sein.

Obwohl bei der Erzeugung der Kriegslust ungerechter Ehrgeiz einen viel zu großen Anteil hatte, so muß man doch anerkennen, daß Argwohn, ehrlicher und aufrichtiger Argwohn auch einen nicht unbeträchtlichen Anteil hatte. Das gemeine Vorurteil, genährt durch Leidenschaft, bezeichnet das Herz als den Sitz aller sittlichen Krankheiten, über die es klagt; aber der Hauptsitz und der häufigere ist der Kopf: aus Torheit und Schwäche weichen die Menschen häufiger vom Pfade des Rechten ab, als aus Selbstsucht und Übelwollen. Das ist ein Glück; denn die Macht der Belehrung und der Vernunft über Irrtum und Unwissenheit ist viel größer und sicherer als die der Ermahnung und aller Künste der Rhetorik über Selbstsucht und Übelwollen.

Nur deshalb, weil wir nicht wissen, welch starke Motive andere Nationen haben, gerecht zu sein, welche bündigen Beweise sie von ihrer Geneigtheit gerecht zu sein, gegeben haben, wie oft wir selber von den Regeln der Gerechtigkeit abgewichen sind, nehmen wir als bewiesen, als eine unbestreitbare Wahrheit an, daß die Grundsätze der Ungerechtigkeit dem innersten Wesenskern anderer Menschen eingepflanzt sind.

Das Mißtrauen gegen sich selbst, das einen Teil des Charakters der englischen Nation bildet, mag eine der Ursachen dieses Argwohnes gewesen sein. Die Furcht, von anderen Nationen hinters Licht geführt zu werden, die Meinung, daß fremde Köpfe fähiger sind und zugleich fremde Herzen weniger ehrenhaft als unser eigenes, war immer eine unserer hervorstechendsten Schwächen.[1]) Dieses geringe Selbstvertrauen hat vielleicht einigen Zusammen-

---

[1]) Über die Furcht als Motiv der Politik Englands vergleiche man die vielgelesene Schrift: Des Deutschen Reiches Schicksalsstunde von H. Frobenius (zuerst erschienen im März 1914) bei Curtius, Berlin; sie zeigt, daß die Gegnerschaft Englands gegen Frankreich so lange dauerte, bis eine Macht erschien, vor der es sich mehr fürchtete: zuerst Rußland, dann Deutschland. „Die politischen Gründe für Englands Gegnerschaft beruhen also in erster Linie auf einer erstaunlichen, häufig genug in Erscheinung getretenen Furcht vor unserer Seemacht.“ Vgl. Ferdinand Tönnies, Englische Weltpolitik in englischer Beleuchtung, Berlin 1915, S. 45: „Immer die Furcht als der stärkste Beweggrund wahnwitziger Unternehmen“ (auch S. 28). Vgl Hon. Bertrand Russel, Der Krieg ein Kind der Furcht, deutsch von Felix Beran, Zürich 1915, S. 16 u. 17; Graf Julius Andrassy, Wer hat den Krieg verbrochen?, Leipzig 1915, S. 75 u. 79; Meyer, a. a. O. S. 197 f.; Marcks, Die Einheitlichkeit der englischen Auslandspolitik von 1500 bis zur Gegenwart, S. 257. Rudolf Leonhard in „Deutsche Reden in schwerer Zeit“, II, S. 179.

hang mit der falschen Scham, die — wie man bemerkt hat — sich gewöhnlich in unserem Betragen zeigt, und welche das Sprechen in der Öffentlichkeit und jedes öffentliche Auftreten für uns zu einer so viel schwierigeren Aufgabe macht als für andere Leute.

Dieses Mißtrauen mag vielleicht zum Teil darauf zurückgeführt werden, daß wir weniger gesellig leben und uns gemischten Gesellschaften weniger anpassen als andere Völker. Aber der besondere Zug von Mißtrauen, von dem ich rede, die Befürchtung, durch fremde Mächte hinters Licht geführt zu werden, ist zum Teil und vielleicht hauptsächlich auf eine andere Ursache zurückzuführen: auf den Argwohn und die geringe Meinung, die wir bezüglich unserer Minister und Politiker hegen. Wir sind voll Argwohn gegen sie als unsere Obrigkeiten, die in einem fortwährenden Kampfe um die Macht gegen uns begriffen sind; wir haben geringes Zutrauen zu ihnen, da sie unsere Landsleute sind und aus demselben Stoff gemacht sind wie wir.

Argwohn ist das Laster kleiner Gemüter, Vertrauen die Tugend freierer Geister. Um sich zu überzeugen, daß Vertrauen zwischen Nationen nichts unnatürliches ist, wenn sie würdige Diener haben, lese man bloß den Bericht über die Unterhandlungen zwischen De Wit und Temple, wie Hume ihn gibt. Ich sage: wie Hume ihn gibt — denn wie es Unterhändler wie De Wit und Temple brauchte, um solch eine Unterhandlung auf eine solche Weise zu führen, so brauchte es einen Historiker wie Hume, um ihr gerecht zu werden. Denn der gemeine Haufe der Historiker kennt kein anderes Rezept für diesen Teil der Geschichte, als die gemeinsten und niedrigsten Motive ausfindig zu machen, die geeignet wären, für das Verhalten jemandes in der fraglichen Situation einen Grund abzugeben, und es dann diesen Motiven zuzuschreiben ohne Umstände und Beweise. Temple und De Wit, deren Vertrauen ineinander so außerordentlich und so gerecht war, waren zwei der weisesten und auch der ehrenhaftesten Männer in Europa. Das Zeitalter, das solche Tugend erzeugte, war aber das Zeitalter der angeblichen papistischen Verschwörung und anderer Greuel, an die man nicht ohne Schauder denken kann. Seit damals hatte die Welt mehr als ein Jahrhundert Zeit, sich an Erfahrung, Überlegung und Tugend zu bessern. In jeder anderen Beziehung sind die Verbesserungen ungeheuer und fraglos. Ist es zuviel, zu hoffen,

Frankreich und England könnten — nicht einen Temple und De Wit, denn eine so außerordentliche Tugend wie ihre ist nicht notwendig — aber doch Männer hervorbringen, die in glücklicheren Zeiten ein Werk wie das ihre vollendeten, mit einem geringeren Maße von Vortrefflichkeit?

Ein solcher Kongreß oder Reichstag könnte in der Weise eingerichtet werden, daß jede Macht zwei Deputierte an den Versammlungsort entsendete; der eine von ihnen hätte der eigentliche Vertreter zu sein, der andere als gelegentlicher Substitut einzutreten.

Die Verhandlungen eines solchen Kongresses oder Reichstages sollten alle öffentlich sein. Seine Macht bestände darin:

1. seine Ansicht abzugeben;

2. dafür zu sorgen, daß diese Ansicht in jedem Staatsgebiet verbreitet wird.

Manifeste sind allgemein gebräuchlich; ein Manifest ist bestimmt entweder von den Angehörigen des Staates, über den man sich zu beklagen hat, gelesen zu werden, oder von anderen Staaten oder von beiden. Es ist ein Appell an sie, ruft ihre Meinung an. Der Unterschied gegenüber meiner Anregung ist, daß in diesem Falle kein Beweis gegeben wird, keine Ansicht ordnungsmäßig bekannt gemacht wird.

Das Beispiel Schwedens ist allein genügend, den Einfluß zu zeigen, den Verträge, Staatsakte auf die Angehörigen der verschiedenen Nationen haben können, und wie weit das Auskunftsmittel, von dem wir sprechen, als schwach bezeichnet werden kann, oder der Vorschlag, es anzuwenden und ihm zu vertrauen, als chimärisch.

Der vom Schwedenkönig gegen Rußland begonnene Krieg wurde von seinen Untertanen, oder wenigstens einem erheblichen Teil davon als Angriffskrieg betrachtet und als solcher unvereinbar mit der Verfassung, die er unter Mitwirkung der Stände gegeben hatte. Daher legte ein beträchtlicher Teil der Armee entweder seine Stellen nieder oder weigerte sich vorzugehen; und die Folge war, daß der König gezwungen wurde, sich von der russischen Grenze zurückzuziehen und einen Reichstag einzuberufen.

Dies war unter einer Regierung, von der man allgemein — wenn auch nicht mit Recht — annahm, daß sie aus einer beschränkten oder eigentlich aristokratischen Monarchie sich in eine despotische umgewandelt habe. Kein Akt eines anerkannten oder respektierten Tribunals war vorhanden, die Meinung des Volkes zu führen oder zu befestigen. Das einzige Dokument, auf Grund dessen sie urteilen konnten, war ein Manifest des Feindes, in Ausdrücken abgefaßt, die der Unwille naturgemäß eingab, und daher keines von den versöhnendsten. Ein Dokument, das kein Recht darauf hatte, verbreitet zu werden und dessen Verbreitung, wie wir wohl sicher sein können, soweit verhindert wurde, als es in der Macht der äußersten Wachsamkeit der Regierung lag, sie zu hindern.

3. Nach einer gewissen Zeit darin, daß der widerspenstige Staat in den Bann Europas getan wird.

Vielleicht wäre es kein Nachteil, als ein letztes Hilfsmittel, das Kontingent zu bestimmen, das jeder Staat zur Erzwingung der Beschlüsse des Gerichtshofes zu liefern hätte. Aber die Notwenigkeit, dieses Mittel anzuwenden, würde menschlicher Voraussicht nach für immer überflüssig gemacht werden durch das einfachere und weniger belastende Mittel, in die Abmachung, durch welche ein solcher Gerichtshof errichtet wird, eine Klausel aufzunehmen, wodurch die Preßfreiheit in jedem Staate garantiert wird derart, daß der Kongreß kein Hindernis fände, in jedem Staate jedem seiner Beschlüsse und jedem Blatte, das er mit seiner Unterschrift zu sanktionieren für gut fände, die weiteste und unbeschränkteste Verbreitung zu geben.[1])

XIV. Grundsatz: Die Geheimhaltung in der Geschäftsführung des auswärtigen Amtes in England sollte nicht geduldet werden, da sie ganz nutzlos ist und in gleicher Weise den Interessen der Freiheit wie des Friedens widerstreitet.

Die Existenz der Regel, die den Schleier des Geheimnisses über die Unterhandlungen des Kabinetts mit fremden Mächten breitet, werde ich nicht unternehmen zu bestreiten; mein Einwand richtet sich gegen ihre Richtigkeit.

Auf eine Anfrage des Lord Stormont (22. Mai 1789) im Oberhause über geheime Abmachungen verweigert der Minister für

---

[1]) Bentham hofft also, durch die Macht der öffentlichen Meinung eine Exekutivgewalt entbehrlich machen zu können.

auswärtige Angelegenheiten die Antwort. Ich tadle ihn nicht. Bestehende Regeln — darüber scheint man einig zu sein — verbieten die Antwort. Ich tadle niemanden für Fehler der Gesetze. Die Gesetze sind es, die ich tadle als im Widerspruch mit dem Geiste der Verfassung und unvereinbar mit einer guten Regierung.

Ich nehme sogleich den kühnsten und weitestgehenden Standpunkt ein, ich stelle zwei Behauptungen auf:

1. daß in keiner Unterhandlung und in keinem Stadium irgend einer Verhandlung die Unterhandlungen des Kabinetts in diesem Lande vor der Allgemeinheit geheim zu halten wären; noch viel weniger vor dem Parlament und nach einer im Parlamente gestellten Anfrage;

Note. Der Gegenpartei liegt zum mindesten der Nachweis ob, einen Fall zu setzen, in dem der Mangel der Geheimhaltung einen besonderen Schaden stiften kann.

2. daß — wie immer man es mit Präliminar-Verhandlungen halten möge — eine solche Geheimhaltung niemals bezüglich tatsächlich abgeschlossener Verträge aufrecht zu halten wäre.

In beiden Fällen ist für ein Land wie dieses eine solche Geheimhaltung schädlich und unnötig.

Sie ist schädlich. Über Maßregeln, von denen man keine Kenntnis hat, kann man keine Kontrolle üben; Maßregeln, die ohne Jemandes Wissen ergriffen werden, können von ihm nicht eingestellt werden, wie verderblich sie auch für ihn sein mögen und so entschieden er sie auch mißbilligen würde, wenn er sie kennte. Die Hauptarten der in Friedenszeiten zur Verhandlung kommenden Abmachungen mit fremden Mächten sind Allianzverträge, Offensiv- oder Defensiv- oder Handelsverträge. Aber durch irgend einen Zufall kann alles zu einem Kriege führen.

Daß in neuen Handelsverträgen als solchen kein Grund für Geheimhaltung liegen kann, wird kaum bestritten werden. Nur können solche Unterhandlungen, wie alle anderen, eventuell zum Kriege führen und alles, was mit dem Kriege zusammenhängt, wird man sagen, kann Geheimhaltung erfordern.

Regeln aber, die zulassen, daß ein Minister die Nation gegen ihren Willen in einen Krieg stürze, sind ihrem Wesen nach schädlich und wider die Verfassung.

Es ist allgemein zugestanden, daß Minister nicht die Macht haben sollen, der Nation wider ihren Willen Steuern aufzuerlegen. Es ist zugestanden, daß sie nicht die Macht haben sollen, gegen ihren Willen Truppen zu halten. Indem sie aber die Nation ohne ihr Vorwissen in einen Krieg stürzen, tun sie beides.[1])

Einwand: Das Parlament kann es ablehnen, einen Krieg weiterzuführen, wenn er begonnen hat; das Parlament kann den Minister, der die Nation in den Krieg gestürzt hat, entfernen und bestrafen.

Traurige Mittel das; man nehme beide zusammen, und ihre Wirksamkeit ist keinen Strohhalm wert. Daß man dem Übel Einhalt tut und die Urheber bestraft, ist ein trauriger Trost für das Unheil eines Krieges und im Vergleich zur Vorbeugung ganz wertlos als Heilmittel. Ein Angriffskrieg ist Sache der Wahl, ein Verteidigungskrieg Sache der Notwendigkeit. Verweigerung der Mittel zur Fortsetzung des Krieges ist ein höchst prekäres Mittel, ein Mittel überhaupt nur dem Namen nach. Wenn der Feind vor der Tür ist, kann man die Mittel verweigern, die Tür zu verbarrikadieren?

Vor dem Angriff hängt es von dem Angreifer ab, ob er Krieg haben will oder nicht; hat er einmal begonnen, so verlangt der angegriffene Teil auch eine Stimme: er kann Einspruch erheben gegen den Plan, den Krieg zu beendigen.

Was ist dann zu tun? Soll man sich ohne Widerspruch der Gnade eines mit Recht erbitterten Gegners ausliefern? Aber dies allein oder die Fortsetzung des Krieges ist die einzige Wahl, die nun bleibt. Bei welcher Lage der Dinge soll das Mittel angewendet werden? — Steht man schlecht, ist das Mittel unanwendbar; hat man Erfolg, so wird es niemand angewendet wissen wollen.

---

[1]) Das ist heute nicht anders. In der „N. F. P.“ vom 25. Dezember 1914 schrieb Lujo Brentano: „Aber“, wird man einwenden, „woher kommt es dann, daß der gegenwärtige Weltkrieg ausbrechen konnte? Die Antwort liegt in der Tatsache, daß die Gewaltverehrer die auswärtige Politik ausschließlich in Händen haben. Es gehört zu den Unwahrhaftigkeiten unseres öffentlichen Lebens, daß selbst in den demokratischesten Ländern das Volk auf seine auswärtige Politik völlig einflußlos ist. Die ‚Mutter der Parlamente‘ hat in auswärtigen Angelegenheittn nicht mehr zu sagen als die russische Duma; ja selbst den Mitgliedern des englischen Kabinetts, mit Ausnahme des Premierministers, sind sie ein Buch mit sieben Siegeln!“

Bestrafung der Urheber des Krieges, was immer sie für die persönlichen Gegner der Minister sein möge, ist keine Genugtuung für die Nation. Das ist selbstverständlich, aber was noch mehr zur Sache gehört und nicht minder wahr ist: die Furcht vor Bestrafung aus einem solchen Grunde ist in diesem Falle keine Schranke für sie; eine Parlamentsmajorität besitzen sie, sonst wären sie nicht Minister. Daß sie von dieser Majorität würden fallen gelassen werden, gehört nicht zu den Ereignissen, die man als möglich zu betrachten hätte. Aber von ihrer Preisgabe zu ihrer Bestrafung ist noch ein weiter Schritt. Lord North ließ man im Nordamerikanischen Kriege fallen, bestraft wurde er aber nicht. Sein Fehler war ein ehrlicher Irrtum des Urteils, nicht befleckt von einem bösgläubigen Kniff und unterstützt von einer ziemlich großen Majorität im Parlament. Und das kann bei jedem anderen unpolitischen und ungerechten Kriege der Fall sein. Unser Zeitalter ist nicht straflustig. Wenn Bestechlichkeit, Bedrückung, Unterschlagung, Doppelzüngigkeit, Verräterei, jedes Verbrechen, das von Staatsmännern gegen ihr Gewissen begangen werden kann, keinen Wunsch nach Bestrafung hervorrufen, welches Vertrauen kann man auf die Bestrafung in einem Falle setzen, in dem das Unheil so leicht geschehen kann, ohne daß ein Grund zur Bestrafung vorläge?

Die Menschheit ist auf der Bahn der Zivilisation noch nicht bis zu diesem Punkte gelangt. Fremde Nationen werden noch nicht als Objekte betrachtet, denen ein Unrecht zugefügt werden kann. Für die Bürger anderer zivilisierter Staaten haben wir noch nicht so viel Gefühl, wie für unsere Neger. Es gibt Fälle, in denen Minister dafür bestraft worden sind, daß sie Frieden schlossen.

Note. Das Schicksal des letzten Ministeriums der Königin Anna kann in gewissem Maße auf diese Ursache zurückgeführt werden, und infolge der besonderen Umstände ihres Verhaltens verdienten sie es vielleicht. — Das große Verbrechen des Earl of Bute war, daß er Frieden schloß, der Earl of Shelburne mußte zurücktreten, weil er Frieden geschlossen hatte. Das große Verbrechen von Sir R. Walpole war, daß er Frieden hielt. Das Volk war des Friedens müde geworden. Walpole wurde getadelt, weil er eine halbe Million jährlich für den geheimen Fond in Voranschlag brachte. Seine Irrtümer wurden berichtigt, der Krieg wurde erklärt, und in einem Jahre wurde im Kriege viermal soviel aufgewendet, als er in zehn Jahren zuvor ausgegeben hatte.

Aber es gibt keinen, in dem sie auch nur interpelliert worden wären, weil sie die Nation in einen Krieg verwickelten; und wenn eine Bestrafung in einem solchen Falle je eingetreten wäre, so wäre es nicht wegen des Unheils geschehen, das der fremden Nation zugefügt wurde, sondern nur wegen des Unheils, das sie über die eigene Nation gebracht hatten; nicht wegen der Ungerechtigkeit, sondern wegen der Unklugheit.

Es ist niemals als Regel festgelegt worden, daß man fremden Nationen irgendwelche Rücksicht schuldig sei; es ist nie ausgesprochen worden, daß man vor irgend etwas zurückscheuen solle, was einem einen Vorteil im Verkehr mit fremden Völkern verschaffen würde. Aus welchem Grunde könnte ein Minister für einen Krieg, auch für den unglücklichsten, bestraft werden, der durch solche Mittel heraufbeschworen wurde? „Ich habe mein Bestes getan, Euch zu dienen", würde er sagen; „je schlimmer die Maßregel für die fremde Nation war, desto mehr nahm ich auf mich; desto größer also der Eifer, den ich für Euere Sache zeigte. Der Ausgang hat sich als ungünstig erwiesen; sind Eifer und Unglück als Verbrechen zu behandeln?"

Ein Krieg, der auf seiten unserer Nation ungerecht ist und durch ihre Minister hervorgerufen wurde, kann immer nur hervorgerufen sein in Verfolgung eines Vorteils, den zu verfolgen in unserem Interesse läge, wenn nicht das Unrecht gegen die fremde Nation damit verbunden wäre. Da man das Unrecht und die Gefahr der Wiedervergeltung allgemein für nichts achtet, wäre die Verteidigung des Ministers immer die: ich habe nur **Euer** Interesse verfolgt. Und der ununterrichtete und gedankenlose Teil der Nation, das ist die große Masse der Nation, würde wiederholen: „Ja, unser Interesse hast Du gewahrt." Die Stimme der Nation über diese Dinge kann man nur in den Zeitungen suchen. Aber in diesem Punkte stimmt die Sprache aller Zeitungen überein: „Wir sind es, die immer recht haben, und es ist gar nicht möglich, daß es anders ist. **Gegen uns haben andere Nationen keine Rechte.** Wenn wir nach den Regeln, nach denen zwischen Individuen gerichtet wird, recht haben, dann haben wir recht nach den Regeln der Gerechtigkeit; wenn dies nicht, dann haben wir recht nach den Gesetzen des Patriotismus, der eine ehrwürdigere Tugend ist als die Gerechtigkeit."

Ungerechtigkeit, Unterdrückung, Betrug, Lügen, alle Handlungen, die Verbrechen, alle Gewohnheiten, die Laster wären, wenn bei der Verfolgung individueller Interessen an den Tag gelegt, werden zu Tugenden erhöht, wenn in Verfolgung nationaler Interessen bewiesen. Jeder, der jemals ein englisches Blatt gelesen oder von ihm vernommen hat, mag erklären, ob dies nicht der ständige Tenor der Anschauungen ist, die sie vermitteln. Partei macht in diesem Punkte keinen Unterschied. So feindlich sie gegeneinander in allen anderen Punkten sein mögen, in diesem Punkte haben sie nur eine Stimme, schreiben sie in der allergrößten Harmonie. Das sind die Ansichten, und diesen Ansichten werden die Tatsachen natürlich angepaßt. Wer würde erröten, falsch darzustellen, wenn falsche Darstellung eine Tugend ist? Wenn aber die Stimme der Presse nur einen kleinen Teil der Volksstimme ausmacht, so macht die Belehrung, die sie verbreitet, in diesen Dingen die ganze Belehrung aus, die das Volk überhaupt empfängt.

Da nun die nationalen Tendenzen in diesen Dingen zum Irrtum hinneigen, und zwar zu Irrtum nach der schlimmsten Seite hin, muß die Gefahr einer Bestrafung durch das Parlament für schlechte Aufführung dieser Art gleich Null erscheinen, selbst in den Augen eines unbeteiligten und kühlen Beobachters. Wie muß sie dann erst in den Augen der Minister selbst erscheinen, die unter der Verführung der Parteilichkeit zu ihren eigenen Gunsten und im Drange der Geschäfte handeln? Nein, die Sprache, die ein Minister bei solchen Anlässen sich selbst gegenüber führen wird, wird übereinstimmend die sein: „Erstens ist das, was ich tue, kein Unrecht, und zweitens, selbst wenn es eines wäre, so hätte ich nichts davon zu fürchten.“

Unter dem gegenwärtigen System der Geheimhaltung haben daher die Minister jede Versuchung, die sie zur Mißregierung verleiten kann, und sie haben keinen Zügel, der sie zurückhalten würde. Und welche Art von schlechter Regierung ist es? Eine solche, im Vergleich zu der alle anderen nur kleine Sünden sind. Mag ein Minister 30000 oder 40000 £ für Pensionen für seine Kreaturen verschleudern, mag er ein paar Hunderttausende für sich selbst einsacken. Was ist das gegenüber 50 oder 100 Millionen, den gewöhnlichen Lasten eines Krieges? Man beachte die Folge: Dies ist der Geschäftszweig, in dem vor allem die stärksten Hemmungen nötig sind; zugleich ist er aber auch dank den Geboten der Geheimhaltung der einzige von allen, in dem es überhaupt keine Hemmungen gibt. Der Schluß ist somit bewiesen: Der Grundsatz, der den Schleier des Geheimnisses über das Vorgehen des auswärtigen Amtes breitet, ist im höchsten Grade gefährlich, birgt größeres Unheil in sich, als der Mangel jeder Geheimhaltung möglicherweise verschulden könnte.

Es bleibt noch ein unausgesprochener Gedanke übrig, der insgeheim der Gegenseite ein Argument zu liefern scheinen könnte. Das ist die Lage der britischen Nation: „Man kann Krieg und Frieden immer als nach menschlicher Voraussicht zu einem guten Teil in ihrer Macht gelegen ansehen. Wenn es zum Schlimmsten kommt, ist der Friede immer gegen ein unwesentliches Opfer zu haben." Ich gebe die Kraft dieses Arguments zu; was ich aber behaupte, ist, daß es zu meinen Gunsten spricht. Es hängt von zwei Voraussetzungen ab: von der unvergleichlichen (matchless) Stärke dieses Landes und von der Nutzlosigkeit seines auswärtigen Besitzes. Ich gebe beides zu, aber beides spricht für mich. Seine Stärke überhebt es der Furcht vor einem Überfall und der Notwendigkeit, sich zu seiner Verteidigung dieser Stärke zu bedienen. Die Nutzlosigkeit seiner auswärtigen Besitzungen beweist a fortiori, daß es unnütz ist, sich zu ihrem Schutze und zu ihrer Verteidigung in einen Krieg einzulassen. Wenn man sie ohne Krieg nicht halten kann, so sind sie es noch viel weniger wert, daß man sie um den Preis eines Krieges halte. Die Nutzlosigkeit eines geheimen Kabinettes ist durch folgendes kurze Dilemma bewiesen: Für Angriffsmaßregeln braucht diese Nation niemals ein Kabinettsgeheimnis; für die Verteidigung braucht es überhaupt keine Nation.

Meine Überzeugung ist, daß es keinen Staat gibt, für den die möglichen Schwierigkeiten, die sich aus der Öffentlichkeit dieses Ressorts ergeben könnten, nicht beträchtlich durch die Vorteile überwogen werden, sei der Staat noch so groß oder noch so klein, noch so stark oder noch so schwach, seine Regierungsform sei rein oder gemischt, Einzel- oder Bundesverfassung, monarchistisch, aristokratisch oder demokratisch. Die bisherigen Bemerkungen scheinen in allen Fällen genügend, um den Schluß zu sichern.

In einer Nation aber wie die britische, bestehen noch besondere Gründe dafür, daß Öffentlichkeit in allen diesen Geschäften unschädlich, Geheimhaltung unnütz ist. Stärker als zwei beliebige andere Nationen zusammengenommen, viel stärker natürlich als eine allein nimmt ihre Überlegenheit ihr jeden Vorwand einer Nötigung, durch Überraschung irgend etwas zu erreichen. Heimlicher Überfall ist das Hilfsmittel der Feigheit und der Furcht, der ungerechten Ehrsucht verbunden mit Schwäche. Englands unvergleichliche Stärke enthebt es des einen; sein Interesse, wenn seine Diener sich nur von seinem evidenten Interesse leiten ließen, würde ihm das andere verbieten.

... Wenn man aber das Interesse des ersten Dieners des Staates als von dem der Nation verschieden und ihm entgegengesetzt annimmt, so kann es Fälle geben, in denen Heimlichkeit seinen Projekten vorteilhaft ist. Ich will die Frage dahingestellt sein lassen, ob es, von diesem Standpunkte betrachtet, eine Gelegenheit geben kann, in der es für einen König von England vorteilhaft sein könnte, Wegelagerer zu werden; niemals aber werde ich die Überzeugung aufgeben, daß es nicht im Interesse der Nation liegen kann, ihm dabei Vorschub zu leisten. Wenn gekrönte Sünder sich dem Dienste des Mammons verkauften, so dienten sie ihm wenigstens nicht umsonst, die Beute blieb ganz ihr Eigentum. Hätten wir (ich spreche als einer aus der Gesamtheit der Nation) unserem König dabei zu helfen, eine Räuberei an Frankreich zu begehen, so wäre sein die ganze Beute. Er hätte die Ernennung zu den neuen Stellen, und das wäre der ganze Wert, den in den Händen eines britischen Räubers eine solche Beute für irgend jemanden haben kann. Das Privileg, die Pferde und Waffen zu bezahlen, wäre alles, was für uns übrig bliebe. Die Beute würde verwendet werden, um die Diener unseres Vertrauens zu bestechen, und das wäre die volle und genaue Summe alles dessen, was wir davon hätten.

Wenn die Neuseeländer Eroberungen machen, so hat das einen Sinn: während die Besiegten schmoren, werden die Sieger fett; Eroberungen, die die Kulturnationen des Altertums — die Griechen und Römer — machten, hatten auch einen gewissen Sinn: Ländereien, bewegliche Habe, Einwohner, alles wurde eingesackt. Die Einfälle in Frankreich in den Tagen der Eduarde und Heinriche hatten einen vernünftigen Zweck: Gefangene wurden gemacht, und das Land wurde ausgeplündert, um ihr Lösegeld zu bezahlen. Betrug doch das Lösegeld eines einzigen Gefangenen, eines Herzogs von Orleans, mehr als ein Drittel der Staatseinnahmen von England.

Eroberungen eines modernen Despoten auf dem Kontinent haben auch noch einen gewissen Sinn: Der neue Besitz, der an den alten angrenzt, wird ihm einverleibt; die Einwohner, soviel er von ihnen dafür auszuersehen für gut findet, vermehren seine Armee; ihr Vermögen, soviel davon er ihnen abpreßt, wandert in seinen Beutel.

Eroberungen, die die britische Nation machen würde, wären eine Verletzung des gesunden Menschenverstandes, auch dann, wenn es nichts dergleichen wie eine Gerechtigkeit gäbe. Sie sind stümperhafte Nachahmungen elender Originale, die der wesentlichen Züge ermangeln. Nichts als eingewurzelte Blindheit und Torheit kann uns aufstacheln, Alexander und Caesar, den Neuseeländern und Katharina und Friedrich nachzuäffen, ohne den Vorteil davon zu haben.[1])

---

[1]) Vgl. Norman Angell, Die falsche Rechnung, Berlin 1912 (11. bis 20. Tausend), S. 64: „In der römischen Welt und überhaupt im ganzen Altertum mag es allerdings richtig gewesen sein, daß die Eroberung eines Territoriums dem Eroberer einen greifbaren Vorteil brachte; sie bedeutete die Ausbeutung des eroberten Territoriums durch den Sieger, dem siegenden Staate und dessen Bürgern zum Vorteil. Nicht selten hatte sie zur unmittelbaren Folge die Versklavung des besiegten Volkes und die Gewinnung von Reichtum in der Gestalt von Sklaven. Im Mittelalter bedeutete die Eroberung wenigstens so viel, daß man das bewegliche Vermögen, Gold und Silber erbeutete, und daß man das Land unter die Heerführer der siegreichen Nation verteilte, wie das bei der normannischen Eroberung der Fall war. In einer späteren Periode bedeutete Eroberung zum mindesten einen Vorteil des Herrscherhauses der siegenden Nation, und so waren es hauptsächlich die Zänkereien der rivalisierenden Fürsten um Prestige und Macht, welche damals Kriege entfesselten. In einer noch späteren Zeit war es die Kultur als Ganzes — nicht notwendigerweise gerade die der erobernden Nation —, der (manchmal!) die Unterjochung wilder Völkerschaften zugute kam, insofern Unordnung durch Ordnung ersetzt wurde. In der Periode der Kolonisation neuentdeckter Länder verschaffte die erste Besetzung eines solchen Landes der betreffenden Nation den Vorteil, ihre überschüssige Bevölkerung dorthin lenken zu können. Aber kein einziger dieser Vorteile kommt in Betracht fur das uns beschäftigende Problem." — Angell S. 86: „Bei einem sehr primitiven Kulturzustand ist Raub ein ziemlich einträgliches Gewerbe; ... unter solchen Bedingungen hängt die Größe des

„Wenn es der König allein ist, der das Recht der Stellenvergebung gewinnt, so ist es doch ein Teil der Nation“ — könnte einer sagen —, „der den Gewinn hat, die Ämter zu erhalten.“ Eine kostspielige Lotterie! Fünfzig oder hundert Millionen Pfund die Kosten der Lose, ein Einkommen von 10000 oder 20000 jährlich auf so und so viel Jahre der Wert der Gewinnste. So, wenn der Plan gelingt; wie aber, wenn er fehlschlägt?

Ich will nicht sagen, daß es keine Teilhaber an der Beute gibt; es ist unmöglich für das Haupt einer Bande, das Ganze in die eigene Tasche zu stecken. Was ich behaupte, ist, daß Räuberei im Großbetrieb nicht so gewinnbringend ist wie im Detail. Wenn die ganze Bande die Taschen von Fremden bis zu einem gewissen Betrage ausplündert, so plündern die Häuptlinge der Bande die Taschen der Übrigen in einem viel höheren Grade aus. Wird es mir gelingen, meine Landsleute davon zu überzeugen, daß es nicht in ihrem Interesse liegt, Diebe zu werden?

„O, Sie irren“, wendet jemand ein, „wir führen Krieg nicht der Eroberung, sondern des Handels wegen!“ Noch törichter. Das ist ein noch schlechteres Geschäft als das vorige. Erobert die ganze Welt, und Ihr könnt Eueren Handel nicht um einen Pfennig vergrößern, im Gegenteil, Ihr müßt ihn vermindern: Erobert wenig oder viel, Ihr zahlt dafür durch Steuern: aber genau so viel, wie ein Kaufmann an Steuern zahlt, genau so viel ist er außerstand gesetzt dem

---

Reichtums eines Mannes zum großen Teil von der Größe seiner Keule ab und der Geschicklichkeit, mit der er sie handhabt. Dort aber, wo der Reichtum eines Mannes von seinem Kredit abhängig ist und davon, daß seine Unterschrift auf einem Wechsel in der City stets honoriert wird, dort wird Unehrlichkeit so unsicher und unrentabel, wie es ehrliche Arbeit in primitiveren Zeiten war. Die Instinkte des Citymannes mögen schließlich genau so räuberisch sein wie die des Schafdiebes und Raubritters; aber Vermögen durch Gewalt zu gewinnen, ist zu einem sehr unrentablen und riskanten Geschäft geworden, auf das man sich besser nicht verlegt.“ — Angell S. 216: „Der kluge Eroberer findet bald heraus, daß es besser ist, statt Tribut zu erheben, sich den ausschließlichen Handelsmarkt zu sichern — die altenglische Kolonisierungsmethode. Aber die Erhaltung dieses ausschließlichen Marktes kostet mehr als sie einbringt; daher gestattet man den Kolonien, ihr Handelssystem selbst zu wählen — neue Abwendung vom Gebrauch der Gewalt, weitere Entfernung von Feindseligkeit und Kriegslust. Das Endresultat ist: vollständiger Verzicht auf rohe Gewalt und Zusammenarbeiten auf der Grundlage gemeinsamen Nutzens als einzige Beziehung.“

Kapital hinzuzufügen, das er im Handel verwendet. Hättet Ihr zwei Welten, um mit ihnen Handel zu treiben, Ihr könntet ihn nur betreiben nach Verhältnis Eueres Kapitals und des Kredites, den Ihr kraft Eueres Kapitals erhalten mögt. Dies gilt von jedem einzelnen Kaufmann und so auch von allen zusammen. Man finde einen Trugschluß in diesem kurzen Argument, wenn man kann. Wenn Ihr Euer neues Recht, Handel zu treiben, ganz umsonst bekämet, Ihr wäret nicht um einen Pfennig reicher; wenn Ihr dafür durch Krieg oder Kriegsrüstungen zahlen müßtet, wäret Ihr um genau soviel ärmer, als Ihr für diese zu zahlen hättet.

Das gute englische Volk eroberte sich zugleich mit dem Rechte der Selbstregierung auch erstaunliche Handelsrechte. Die Revolution sollte ihm nicht nur die Segnungen der Sicherheit und der Macht, sondern auch gewaltigen und plötzlichen Wohlstand bringen. Jahre folgten auf Jahre, und zu seiner grenzenlosen Verwunderung machte der Wohlstand keine rascheren Fortschritte als früher. Es fehlte nämlich noch ein Glücksfall, an den sie nicht gedacht hatten: daß nämlich an dem Tage, an dem sie ihre Fesseln abschüttelten, ein freundlicher Genius jedem ein paar tausend Pfund in die Tasche gesteckt hätte. Es gibt kein Gesetz, das mich hindern würde in den Mond zu fliegen, und doch kann ich es nicht. Warum? Weil ich keine Flügel habe. Was die Flügel für das Fliegen, ist das Kapital für den Handel.

Es gibt zwei Wege, Krieg der Handelsinteressen wegen zu führen: Unabhängige Nationen zwingen, daß sie uns zum Handel mit ihnen zulassen, und Nationen oder Teile von ihnen unterwerfen, damit sie mit uns Handel treiben. Die erstere Form des Zwanges ist anscheinend die leichtere und diese Politik die feinere. Die letztere ist mehr nach der guten alten Art, und der König besorgt seine Geschäfte zugleich mit denen der Nation. Er gewinnt das Ernennungsrecht zu den Beamtenstellen, und die Nation hat keine Wahl, als sich ihm anzuschließen, da sie sicher ist, daß das Ganze nur den Zweck hat, für sie den Handel zu gewinnen. Die Beamtenstellen nimmt der gute Mann nur notgedrungen in Beschlag, damit sie nicht betteln gehen müssen; er für seine Person legt nicht mehr Gewicht auf sie als ein neugebackener Bischof auf seine Mytra oder ein neugebackener Kammerpräsident auf seinen Präsidentenstuhl. Zum

Wachstum des Handels tragen die beiden Methoden gleich viel bei; was Ihr gewinnt, ist in beiden Fällen das Vergnügen des Krieges.

Das gesetzmäßige Recht, mit einem Teile von Amerika Handel zu treiben, wurde von Frankreich im letzten Kriege gegen England erstritten. Was haben die Franzosen dadurch gewonnen? Sie haben Tobago, den Staatsbankrott und eine Revolution bekommen für ihre 50 Millionen. Minister, die, um Rechenschaft über den Bankrott zu geben, gezwungen sind, etwas über den Krieg zu sagen, nennen ihn einen „nationalen". Der König hat durch ihn nichts gewonnen, folglich hat die Nation etwas gewonnen. Was hat sie gewonnen? Einen schönen Handel, wäre nur Kapital da, ihn zu betreiben. Da so viel Raum für Handel da ist, warum gibt es nicht mehr davon? Kaufleute und Gewerbetreibende mühen sich ab, einen Grund dafür zu finden. Der gute Genius, der überall so nötig wäre, wäre es noch mehr für Frankreich. Denn zu all seiner sonstigen Arbeit hätte er noch die 50 Millionen zu ersetzen, die für Pulver und Blei ausgegeben wurden.

Der König von Frankreich jedoch erhielt durch die Erwerbung von Tobago wahrscheinlich Stellen im Werte von 2000 bis 3000 £ zur Vergebung. Das ist alles, was er gewonnen hat, und das ist auch alles, was überhaupt irgend jemand für die fünfzig Millionen der Nation gewonnen hat.

Laßt uns fortfahren, wie wir begonnen haben, laßt uns einen kühnen Streich wagen, alle ihre Schiffe, deren wir habhaft werden können, ohne eine Kriegserklärung mit Beschlag belegen und wer weiß, ob wir es nicht zurückgewinnen. Bei den Vorteilen, die wir ihnen gegenüber jetzt haben, wäre ein fünfmal so großer Erfolg, als der ist, dessen sie sich jetzt erfreuen, eine bescheidene Erwartung. Für je 50 Millionen, die wir so ausgeben, bekäme unser König Stellen im Werte von — nicht 2000 oder 3000 £, sondern sagen wir von 10000, 15000 oder 20000 £. All dies gäbe gewaltigen Ruhm und schöne Zeitungsartikel und Reden, Dankgebete und Geburtstagsoden könnten dafür gesungen und gesagt werden. Aber was die Rentabilität anlangt, so würde ich vorziehen, dem Könige neue Stellen in demselben Werte zu Hause zu geben, wenn uns seine Minister um diesen Preis den Frieden verkaufen wollten.

Der Schluß ist: da wir von einer andern Nation oder von

anderen Nationen nichts zu fürchten haben noch auch von anderen Nationen etwas brauchen, so können wir anderen Nationen nichts zu sagen oder von ihnen zu hören haben, was nicht so offenkundig sein könnte wie irgend ein Gesetz. Was ist denn also der Schleier des Geheimnisses, der die Maßregeln des Kabinetts verhüllt? Nur ein Mantel für Schlechtigkeit und Torheit, eine Dispens für Minister, um ihnen die Mühe des Denkens zu ersparen, ein Schutz, um dahinter ungesehen und ohne Kontrolle alle Arten toller und alberner Streiche zu spielen, eine Lizenz, mit ihren auswärtigen Genossen Hasard zu spielen, wobei unser Leben und Gut der Einsatz sind.

Was ist also der wahre Nutzen und Erfolg der Geheimhaltung? Daß die Prärogative der Stellung kleinlicher Eitelkeit Nahrung bieten, daß die Mitglieder dieses Cirkels („circulation"). sozusagen eine Zeitung für sich haben, daß unter dem Schutze des Monopols Unwissenheit und Unfähigkeit sich das Ansehen von Weisheit geben, daß ein Mann, der unfähig ist, etwas zu schreiben oder zu sprechen, was geeignet wäre, in einer Zeitung abgedruckt zu werden, den Kopf zurückwirft und sagt: Ich lese keine Zeitungen; und daß ein Minister, sicher vor einer Untersuchung in diesem Punkte, die vollkommene Möglichkeit hat, bei Gelegenheit die Stellen mit gehorsamen Nullen statt mit wirklichen Männern zu besetzen; der Unbedeutendste wird genügen, um als Minister zu figurieren, dessen Akten für ihn geschrieben werden können und dessen Pflicht zu sprechen im Schweigen besteht.

So viel muß man zugestehen: Wenn Geheimhaltung gegenüber der Nation nutzlos und verderblich für die Nation ist, so ist sie nicht nutzlos und verderblich, soweit ihre Diener in Betracht kommen. Sie bildet einen Teil der „douceurs" ihres Amtes, einen Nebenverdienst, der gewertet werden wird im Verhältnis zu der Unbedeutendheit ihrer Charaktere und der Beschränktheit ihrer Anschauungen. Sie dient dazu, sie mit einer hohen Meinung von ihrer eigenen Bedeutung zu erfüllen und die Diener des Volkes zu lehren, auf ihre Herren herabzusehen.

„Ja, aber wenn alles, was geschrieben wird, der Veröffentlichung zugänglich würde, wer würde im Auslande mit uns verhandeln?" Genau dieselben Personen, die jetzt mit uns verhandeln. Unterhandlungen würden vielleicht aus Furcht vor falscher Darstellung mehr im schriftlichen Wege geführt werden als jetzt, und was wäre der Schade? Der König und seine Minister hätten wohl nicht gar so umfängliche Berichte, richtige oder falsche, über den Klatsch an jedem Hofe. Oder sie müßten den Klatsch und die wirklichen Geschäfte in verschiedene Hände legen. Und — angenommen unsere Hauptangestellten wären nicht so genau bekannt mit den Maitressen und Narren der Könige und ihrer Minister, was macht das uns als einer Nation aus, die keine Intriguen zu spinnen noch Kleinlichkeiten anzuzetteln hat?

Es wäre eine endlose Arbeit, noch mehr Papier mit Gespenstern zu füllen, die heraufbeschworen werden könnten, um wieder verjagt zu werden. Ich überlasse diese Arbeit jedem, der sie unternehmen will. Ich fordere Parteimänner heraus, ich lade die Unparteiischen ein, die ihr Vaterland und die Menschheit lieben, die Frage zu erörtern, die Geschichte und die Phantasie durchzustöbern nach wirklichen oder möglichen Fällen, in denen der Mangel der Geheimhaltung in diesem Geschäftszweige nachweislich mit einem wesentlichen Nachteil verbunden wäre.

Was die Verfassung anbelangt, so ist die Frage der Kabinettsgeheimnisse nie nach den Grundsätzen der Verfassung behandelt worden und hat nie eine Entscheidung gefunden. Die guten alten Prinzipien der Tudors und Stuarts hat man hier ungeprüft fortbestehen lassen. Fragen der auswärtigen Politik sind Staatsfragen. Unter Elisabeth und Jakob war alles der Untersuchung entzogen, hatte man nichts zu wissen, alles war Staatsangelegenheit. In anderen Punkten ist der Schleier zerrissen worden; aber in diesen Dingen bestand eine Art stillschweigenden Einverständnisses zwischen Minister und Volk.

Bisher war ein Krieg der Zorn der Nation; der Friede kam immer zu bald, der Krieg zu spät. Den Ministern die Hände binden und sie fortgesetzt verantwortlich machen, hieße sie der unzähligen Gelegenheiten berauben, jene glücklichen Vorteile wahrzunehmen, die zum Kriege führen. Es hieße die Chancen des Volkes für sein beliebtestes Vergnügen vermindern. In den letzten hundert Jahren sind die Minister — um ihnen Gerechtigkeit widerfahren zu lassen — rückständiger geworden als das Volk, die ganze Aufgabe war eher, sie zum Krieg zu zwingen, als sie davon abzuhalten. Walpole und Newcastle wurden beide zum Kriege gezwungen. Es ist kein Zweifel; wenn wir wirklich für den Krieg sind und ihn um seiner selbst willen lieben, so können wir nichts besseres tun, als die Dinge weitergehen lassen wie sie sind. Wenn wir aber den Frieden für besser halten als den Krieg, dann ist es ebenso sicher, daß das Gesetz der Geheimhaltung nicht zu früh beseitigt werden kann.

Derart ist die allgemeine Verwirrung der Begriffe, so groß die Macht der Einbildung, so groß die Kraft des Vorurteils, so klar in ihren Ansichten sind viele würdige Herren, daß sie — und ich glaube diese Überzeugung ist nicht ungewöhnlich — in einem Krieg, wenn er erfolgreich ist, eine Ursache des Wohlstandes und des Gedeihens erblicken. Mit gleichem Recht könnten sie in dem Verlust eines Beines eine Ursache der Schnelligkeit erblicken.

Wohl, aber wenn er nicht direkt die Ursache des Wohlstandes ist, so ist er es indirekt; von den Erfolgen im Kriege stammt — sagen sie — unser Gedeihen, unsere Größe; daher der Respekt, den fremde Mächte uns entgegenbringen, daher unsere Sicherheit. Und wer weiß nicht, wie notwendig Sicherheit für den Wohlstand ist?

Nein, Krieg ist in dieser Weise dem Wohlstande ebenso schädlich wie in der anderen. Bei der gegenwärtigen Art der Kriegführung — einer Art, die niemand die Macht hat aufzugeben — steht Sicherheit in Proportion zu Wohlstand. Genau so weit, als der Krieg durch seine direkten Wirkungen dem Wohlstande abträglich ist, genau so weit ist er der Sicherheit abträglich.

Respekt ist ein Terminus, den ich mir zu ändern gestatte; Respekt ist eine Mischung von Furcht und Wertschätzung, aber um Wertschätzung zu erwerben, ist nicht Gewalt das Mittel sondern Gerechtigkeit. Das Gefühl, auf das man in Wirklichkeit die Sicherheit gründet, ist Furcht. Mit Respekt ist also auf gut englisch Furcht gemeint. Aber in einem Falle wie diesem ist Furcht der Sicherheit weit mehr entgegen als ihr günstig. So viele da sind, die euch fürchten, so viele verbinden sich gegen euch, bis sie denken, sie seien zu stark für euch, und dann fürchten sie euch nicht mehr. Inzwischen aber hassen sie euch alle und fügen euch vereinigt und jeder für sich so viel Schaden zu, als sie können. Ihr für euren Teil bleibt hinter ihnen nicht zurück. Im Bewußtsein eurer eigenen schlechten Absichten — oder ohne dieses — argwöhnt ihr bei ihnen noch schlechtere. Ihre Meinung von euren Absichten ist dieselbe. Maßregeln bloßer Selbstverteidigung werden natürlich für Angriffspläne gehalten. Dieselben Ursachen bringen auf beiden Seiten dieselben Wirkungen hervor; jeder beeilt sich zu beginnen aus Furcht, daß man ihm zuvorkomme. Wenn bei dieser Sachlage auf einer der beiden Seiten zufällig ein Minister oder Ministerkandidat da ist, der eine Vorliebe für den Krieg hat, so fällt der Funke und der Zunder fängt Feuer.

In der Schule mag der stärkste Junge vielleicht der sicherste sein; zwei Jungen oder mehr sind nicht immer bereit, sich gegen einen zu vereinigen. Aber wenn diese Meinung für eine englische Schule stichhält, so verträgt sie es nicht, auf das europäische Theater übertragen zu werden.

„Ja, aber wenn unsere Nachbarn wirklich Furcht vor uns haben, so ist uns ihre Furcht in einer andern Weise von Nutzen, wir haben das Übergewicht in allen Streitigkeiten.“ Gewiß: Punkte (points), die überhaupt zweifelhaft sind, geben sie zu euren Gunsten natürlich auf. Nehmet den Augenblick wahr, und ihr werdet hie und da auch Punkte gewinnen, die gar nicht zweifelhaft sind. Aber das ist doch nur der frühere alte Haufe von Trugschlüssen, in einer unklaren Form vorgebracht, die nur infolge dieser Unklarheit als neu erscheinen können. Die Sache ist die, wie bereits gezeigt wurde, daß es keine Nation gibt, die irgendwelche Punkte zum Nachteile irgend einer anderen zu gewinnen hat. Zwischen den Interessen der Nationen besteht nirgends ein wirklicher Konflikt; wenn sie irgendwo zu widerstreiten scheinen, so ist das nur der Fall, soweit sie mißverstanden werden.

Was sind diese Punkte? Was sind das für Punkte, die ihr, wenn ihr die Wahl hättet, ihnen abzugewinnen wünschtet? Von den Handelsvorteilen ist bewiesen worden, daß sie keinen Wert haben, von den entfernten Landerwerbungen ist bewiesen worden, daß sie weniger wert sind als nichts.[1]) Wenn dies also außer Frage steht, welche anderen Punkte gibt es, die es wert wären, daß man sie durch solche Mittel gewinne? Wohlstand ist das Wort, das ich zuerst erwähnt habe; aber Wohlstand ist nicht das Wort, auf das man zuerst verfallen würde. Der Widerspruch einer Verbindung von Krieg und Wohlstand ist zu schreiend. Das Wort Wohlstand ruft einen zu einfachen, zu verständlichen, zu präzisen Begriff wach. Glanz, Größe, Ruhm, das sind Worte, die dem Zweck besser dienen. Beweist

---

[1]) Vgl. oben S. 100ff.

man erst, der Krieg trage zu Glanz und Größe bei, dann kann man sich glauben machen, er trage auch zum Wohlstand bei, denn wenn man an Glanz denkt, so denkt man auch an Wohlstand. Aber Glanz, Größe, Ruhm, alle die schönen Dinge können auch durch einen nutzlosen Erfolg hervorgebracht werden und durch eine unvorteilhafte und entkräftende Ausdehnung der Herrschaft,[1]) die auf Kosten des Wohlstandes erreicht wird. Und das ist der Weg, auf dem man dahin gelangen kann, sich selbst zu beweisen, daß das Mittel, einen Mann schneller laufen zu machen, ist, ihm ein Bein abzuschneiden. Und richtig ist, daß ein Mann, dem ein Bein abgeschnitten und dessen Stumpf verheilt ist, schneller hüpfen kann, als ein Mann gehen kann, der mit gebrochenen Beinen im Bette liegt. Und so kann man beweisen, daß England nach dem Kostenaufwand für einen ruhmreichen Krieg besser daran ist, als wenn es keinen Krieg gegeben hätte; weil nämlich Frankreich oder irgend ein anderes Land dadurch in eine noch ärgere Lage gebracht worden ist.

In Rücksicht also auf irgend einen Gewinn in Gestalt einer Eroberung oder des Handels, des Wohlstandes oder der Achtung kann durch Anwendung des unnötigen, schädlichen und verfassungswidrigen Systems der Heimlichkeit in den Unterhandlungen keinerlei Vorteil erreicht werden.

---

[1]) Über die Beziehung von politischer Herrschaft und Handelsvorteilen urteilt (in Anlehnung an Kautsky) ganz so wie Bentham O. Umfrid, Der Wille zur Macht, in „Blätter für zwischenstaatliche Organisation" Nr. 13, 1915. Über englischen Imperialismus vgl. Max Sering, Die Ursachen und die weltgeschichtliche Bedeutung des Krieges, in „Deutsche Reden in schwerer Zeit" I, insbes. S. 263.

Ende der Übersetzung.

Nachträge des Herausgebers.

III.

1. Kant und der Krieg.

In seinem Buch „Der Genius des Krieges und der deutsche Krieg“ S. 359 schreibt Scheler: „In welch äußerstem Gegensatze indes Kant zu jenem Pazifismus steht, der — englischer Herkunft — den Krieg wegen der durch ihn stattfindenden Opfer an allgemeiner Wohlfahrt verwirft, möge die folgende Stelle bezeugen: „Der Krieg, wenn er mit Ordnung und Heiligachtung der bürgerlichen Rechte geführt wird, hat etwas Erhabenes an sich und macht zugleich die Denkungsart des Volkes, welches ihn auf diese Art führt, nur um desto erhabener, je mehreren Gefahren es ausgesetzt war und sich mutig darunter hat behaupten können; da hingegen ein langer Friede den bloßen Handlungsgeist, mit ihm aber den niedrigen Eigennutz, Feigheit und Weichlichkeit herrschend zu machen und die Denkungsart des Volkes zu erniedrigen pflegt.“

Hierzu bemerke ich: Daß es ethisch gerechtfertigte Kriege gibt, darf man nicht leugnen; aber ebensowenig darf man vergessen, daß ein Übel, auch wenn es ethisch gerechtfertigt ist, ein Übel bleibt. (Man denke an die Strafe, die an und für sich ein Übel ist, auch dort, wo ihre Verhängung das sittlich Richtige ist.) Beim Krieg ist ferner, selbst wenn er infolge unverschuldeten Irrtums oder Unwissens beiderseits subjektiv gerechtfertigt ist, mindestens einer der beiden Streitteile objektiv im Unrecht.

Ob nun Kant der Meinung war, daß die ebenfalls nicht wegzuleugnenden Schattenseiten eines langdauernden Friedenszustandes seine Lichtseiten überwiegen, das mögen einige Stellen aus Kants Werken zeigen, die ich sogleich anführen werde.

Vorher sei nur die Bemerkung erlaubt, daß es Möglichkeiten genug gibt, jene verweichlichenden und sittlich schädlichen Folgen eines langen Friedens zu paralysieren. Es wäre nur nötig, die Jugend allgemeiner als es geschieht in den Dienst des gesellschaftlichen Nutzens zu stellen, in Verwendungen, die der Gefahr für

Leben und Gesundheit nicht entbehren, Anstrengungen und Opfer heischen, aber indem sie staatlich-humanen Zwecken dienen, eben dadurch nicht minder geheiligt werden, als die Aufopferung in einem gerechten Kriege. Förster hat in seinem Buche „Staatsbürgerliche Erziehung" Leipzig 1914 auf solche Dienstleistungen hingewiesen.[1])

Wollten jene Herren, die sich in Lobpreisung des „Krieges" nicht genug tun können, einen Teil ihres der Verherrlichung des Krieges und der Kriegsinstitution gewidmeten Nachdenkens auf die Frage verwenden, wie man die „wohltätigen Seiten" dieser furchtbaren Zuchtrute der Menscheit durch anderes ersetzen könne, ich zweifle nicht, daß es ihrem Scharfsinn gelingen werde, zahlreiche soziale Betätigungen zu entdecken, die „den bloßen Handlungsgeist, niedrigen Eigennutz und Feigheit" nicht aufkommen lassen.

Der Gedanke einer Heilsarmee ist einer Ausgestaltung und Erweiterung und einer Wandlung fähig, zu der heute auch noch kaum Ansätze vorhanden sind. Auch wird es erlaubt sein, auf Jean Paul (Friedrich Richters) „Friedenspredigt" und „Dämmerungen" zu verweisen.

Besonders aber scheint es mir nötig, Kant selbst reden zu lassen, um jene zum Schweigen zu bringen, die seine Autorität mißbrauchen, um den Genius des Krieges zu verherrlichen.

Man höre also Kant, (1793) Akademieausgabe VIII. Band S. 311 „Über den Gemeinspruch: Das mag in der Theorie richtig sein, taugt aber nicht für die Praxis":

> „Denn da die fortrückende Cultur der Staaten mit dem zugleich wachsenden Hange, sich auf Kosten der anderen durch List oder Gewalt zu vergrößern, die Kriege vervielfältigen, und durch immer (bei bleibender Löhnung) vermehrte, auf stehendem Fuße und in Disciplin erhaltene, mit stets zahlreicheren Kriegsinstrumenten versehene Heere immer höhere Kosten verursachen muß; indem die Preise aller Bedürfnisse fortdauernd wachsen, ohne daß ein ihnen proportionierter fortschreitender Zuwachs der sie vorstellenden Metalle gehofft werden kann;[2]) kein Frieden auch so lange dauert, daß das Ersparniß während demselben dem Kostenaufwand für den nächsten Krieg gleich käme, wowider die Erfindung der Staatsschulden zwar ein sinnreiches, aber sich selbst vernichtendes Hülfsmittel ist; so muß, was guter Wille hätte thun sollen, aber nicht that,

[1]) Jüngst in seiner Weihnachtspredigt „Christus und der Krieg" (Deutsche Weihnacht).

[2]) Diese Worte Kants verraten eine irrige Ansicht von der Rolle des Geldes.

endlich die Ohnmacht bewirken: daß ein jeder Staat in seinem Inneren so organisiert werde, daß nicht das Staatsoberhaupt, dem der Krieg (weil es ihn auf eines Anderen, nämlich des Volks, Kosten führt) eigentlich nichts kostet, sondern das Volk, dem er selbst kostet, die entscheidende Stimme habe, ob Krieg sein solle oder nicht (wozu freilich die Realisirung jener Idee des ursprünglichen Vertrages notwendig vorausgesetzt werden muß). Denn dieses wird es wohl bleiben lassen, aus bloßer Vergrößerungsbegierde, oder um vermeinter, bloß wörtlicher Beleidigungen willen sich in Gefahr persönlicher Dürftigkeit, die das Oberhaupt nicht trifft, zu versetzen. Und so wird die Nachkommenschaft, (auf die keine von ihr unverschuldete Lasten gewälzt werden), ohne daß eben Liebe zu derselben, sondern nur Selbstliebe jedes Zeitalters die Ursache davon sein darf, immer zum Besseren selbst im moralischen Sinne fortschreiten können: indem jedes gemeine Wesen, unvermögend einem anderen *gewaltthätig* zu schaden, sich allein am Recht halten muß und, daß andere eben so geformte ihm darin zu Hülfe kommen werden, mit Grund hoffen kann.

Dieses ist indeß nur Meinung und bloß Hypothese, ungewiß wie alle Urteile, welche zu einer beabsichtigten Wirkung, die nicht gänzlich in unsrer Gewalt steht, die ihr einzig angemessene Naturursache angeben wollen; und selbst als solche enthält sie in einem schon bestehenden Staat nicht ein Prinzip für den Unterthan sie zu erzwingen, sondern nur für zwangsfreie Oberhäupter."

Die Herbeiführung der für jenen wünschenswerten Zustand erforderlichen Umstände erhofft Kant vom Walten der Vorsehung.

Daselbst S. 312:

„Die menschliche Natur erscheint nirgend weniger liebenswürdig, als im Verhältnisse ganzer Völker gegen einander. Kein Staat ist gegen den anderen wegen seiner Selbständigkeit oder seines Eigenthums einen Augenblick gesichert. Der Wille einander zu unterjochen oder an dem Seinen zu schmälern ist jederzeit da; und die Rüstung zur Vertheidigung, die den Frieden oft noch drückender macht, als selbst den Krieg, darf nie nachlassen. Nun ist hierwider kein anderes Mittel, als ein auf öffentliche mit Macht bekleidete Gesetze, denen sich jeder Staat unterwerfen müßte, gegründetes Völkerrecht (nach der Analogie eines bürgerlichen oder Staatsrechtes einzelner Menschen) möglich; — denn ein dauernder allgemeiner Friede durch die sogenannte Balance der Mächte Europas ist wie Swifts Haus, welches von einem Baumeister so vollkommen nach allen Gesetzen des Gleichgewichts erbauet war, daß, als sich ein Sperrling drauf setzte, es sofort einfiel, ein bloßes Hirngespinst. — Aber solchen Zwangsgesetzen, wird man sagen, werden sich Staaten doch nie unterwerfen; und der Vorschlag zu einem allgemeinen Völkerstaat, unter dessen Gewalt sich alle einzelne Staaten freiwillig bequemen sollen, um seinen Gesetzen zu gehorchen, mag in der Theorie eines Abbé von St. Pierre, oder eines Rousseau noch so artig klingen, so gilt er doch nicht für die Praxis: wie er denn auch von großen Staatsmännern, mehr noch von Staatsoberhäuptern als eine pedantisch-kindische aus der Schule hervorgetretene Idee jederzeit ist verlacht worden.

Ich meinerseits vertraue dagegen doch auf die Theorie, die von dem Rechtsprinzip ausgeht, wie das Verhältniß unter Menschen und Staaten sein soll, und die den Erdengöttern die Maxime anpreiset, in ihren Streitigkeiten jederzeit so zu verfahren, daß ein solcher allgemeiner Völkerstaat dadurch eingeleitet werde, und ihn als möglich (in praxi), und daß er sein kann, anzunehmen; zugleich aber auch (in subsidium) auf die Natur der Dinge, welche dahin zwingt, wohin man nicht gerne will (fata volentem ducunt, nolentem trahunt). Bei dieser letzteren wird dann auch die menschliche Natur in Anschlag gebracht: welche, da in ihr immer noch Achtung für Recht und Pflicht lebendig ist, ich nicht für so versunken im Bösen halten kann oder will, daß nicht die moralisch-praktische Vernunft nach vielen mißlungenen Versuchen endlich über dasselbe siegen und sie auch als liebenswürdig darstellen sollte. So bleibt es also auch in kosmopolitischer Rücksicht bei der Behauptung: Was aus Vernunftgründen für die Theorie gilt, das gilt auch für die Praxis." [1])

---

[1]) Auch in der Opposition gegen den Satz „gut in der Theorie, schlecht in der Praxis" sind Kant und Bentham einig. Kant führt ungefähr folgendes aus: Versteht man unter „Theorie" praktische Regeln von gewisser Allgemeinheit, die als solche von einer Menge Bedingungen abstrahieren, so ist es Sache des Praktikers in concreto zu erkennen, ob der Fall gegeben sei, in welchem die Regel anwendbar ist. Da es aber für die Entscheidung dieser Frage nicht immer wiederum Regeln geben kann, so kann es bei mangelnder Urteilskraft sehr wohl Theoretiker geben, die in ihrem Leben nie praktisch werden. Andererseits kann es geschehen, daß die Theorie noch nicht vollständig ist, wo dann eben nicht genug Theorie da ist.

Endlich wirft Kant die Frage auf, ob der Satz: „das mag in der Theorie richtig sein, taugt aber nicht für die Praxis", etwa in der praktischen Philosophie wegen der Besonderheit ihres Objektes berechtigt sei; er verneint diese Frage mit Berufung darauf, daß die Theorie hier auf den Pflichtbegriff gegründet ist, und nichts Pflicht sein kann, was nicht möglich ist („Du kannst, denn Du sollst").

Bentham setzt den Gemeinspruch „gut in der Theorie, schlecht in der Praxis" auf Rechnung des üblen Herkommens, statt des allgemeinen Nutzens den Nutzen einiger herrschenden Klassen zum Ziele der Politik zu machen. Der Routinier einer solchen Politik vermag Pläne, die einem anderen Ziele dienen, nicht zu verstehen und besitzt, lediglich seiner Routine vertrauend, nicht die Urteilskraft, um das Für und Wider abzuschätzen. Er ist also das, was Kant einen Praktiker nennt, dem die Urteilskraft mangelt.

Auch den zweiten Fall, „daß nicht genug Theorie da ist", behandelt Bentham, indem er sagt: „Was hier geleugnet werden soll, ist, daß von einem Plane, der seinem Wesen nach unfähig ist, sich praktisch als gut zu bewähren, mit Recht gesagt werden könne, er sei gut in der Theorie.

Wenn aus der Zahl der Umstände, deren Zusammentreffen für den Erfolg des Planes notwendig ist, ein einziger bei der Berechnung der erwarteten Wirkungen außer acht gelassen wurde, wird ein solcher Plan je nach der Wichtigkeit des außer acht gelassenen Umstandes sich in der Praxis als mangelhaft erweisen; und wenn der Grad der Wichtigkeit entsprechend groß

Überzeugt von einer vernünftigen Weltregierung und daher Optimist hat Kant wiederholt aus der Existenz eines höchsten göttlichen Wesens, dessen Beweis er theoretisch negierte, das er aber praktisch postulierte, ein Fortschreiten des Menschengeschlechtes zu immer Besserem gefolgert „Kantscher Chiliasmus“.

In der „Idee zu einer allgemeinen Geschichte in weltbürgerlicher Absicht“ 1784 (Akademieausgabe) schreibt er S. 24:

„Die Natur hat also die Unvertragsamkeit der Menschen, selbst der großen Gesellschaften und Staatskörper dieser Art Geschöpfe, wieder zu einem Mittel gebraucht, um in dem unvermeidlichen Antagonism derselben einen Zustand der Ruhe und Sicherheit auszufinden; d. i. sie treibt durch die Kriege, durch die überspannte und niemals nachlassende Zurüstung zu denselben, durch die Noth, die dadurch endlich ein jeder Staat selbst mitten im Frieden innerlich fühlen muß, zu anfänglich unvollkommenen Versuchen, endlich aber nach vielen Verwüstungen, Umkippungen und selbst durchgängiger innerer Erschöpfung der Kräfte zu dem, was ihnen Vernunft auch ohne so viel traurige Erfahrung hätte sagen können, nämlich: aus dem gesetzlosen Zustande der Wilden hinauszugehen und in einen Völkerbund zu treten; wo jeder, auch der kleinste Staat seine Sicherheit und Rechte nicht von eigener Macht, oder eigener rechtlichen Beurteilung, sondern allein von diesem großen Völkerbunde (Foedus Amphiktyonum), von einer vereinigten Macht und von der Entscheidung nach Gesetzen des vereinigten Willens erwarten könnte. So schwärmerisch diese Idee auch zu sein scheint und als eine solche an einem Abbé von St. Pierre oder Rousseau verlacht worden, (vielleicht weil sie solche in der Ausführung zu nahe glaubten): so ist es doch der unvermeidliche Ausgang der Noth, worein sich Menschen einander versetzen, die die Staaten zu eben der Entschließung (so schwer es ihnen auch eingeht) zwingen muß, wozu der wilde Mensch eben so ungern gezwungen wird, nämlich: seine brutale Freiheit aufzugeben und in einer gesetzmäßigen Verfassung Ruhe und Sicherheit zu suchen. — Alle Kriege sind demnach so viel Versuche (zwar nicht in der Absicht der Menschen, aber doch in der Absicht der Natur), neue Verhältnisse der Staaten zu Stande zu bringen und durch Zerstörung, wenigstens Zerstückelung alter, neue Körper zu bilden, die sich aber wieder entweder in sich selbst oder neben einander nicht erhalten können und daher neue, ähnliche Revolutionen erleiden müssen; bis endlich einmal, theils durch die bestmögliche Anordnung der bürgerlichen Verfassung innerlich, theils durch eine gemeinschaftliche Verabredung und Gesetzgebung äußerlich, ein Zustand errichtet wird, der, einem bürgerlichen gemeinen Wesen ähnlich, so wie ein Automat sich selbst erhalten kann.“

---

ist, wird er sich im ganzen als schlecht erweisen, indem die ungünstigen Wirkungen des Projektes durch die günstigen nicht aufgewogen werden (Works II the book of fallacies, 4. Teil, Capitel 9, § 3 „Gut in der Theorie, schlecht in der Praxis“).

„. . . Was also der zwecklose Zustand der Wilden that, daß er nämlich alle Naturanlagen in unserer Gattung zurückhielt, aber endlich durch die Übel, worin er diese versetzte, sie nöthigte, aus diesem Zustande hinaus und in eine bürgerliche Verfassung zu treten, in welcher alle jene Keime entwickelt werden können, das thut auch die barbarische Freiheit der schon gestifteten Staaten, nämlich: daß durch die Verwendung aller Kräfte des gemeinen Wesens auf Rüstungen gegen einander, durch die Verwüstungen, die der Krieg anrichtet, noch mehr aber durch die Nothwendigkeit sich beständig in Bereitschaft dazu zu erhalten zwar die völlige Entwicklung der Naturanlagen in ihrem Fortgange gehemmt wird, dagegen aber auch die Übel, die daraus entspringen, unsere Gattung nöthigen, zu dem an sich heilsamen Widerstande vieler Staaten neben einander, der aus ihrer Freiheit entspringt, ein Gesetz des Gleichgewichtes auszufinden und eine vereinigte Gewalt, die demselben Nachdruck giebt, mithin einen weltbürgerlichen Zustand der öffentlichen Staatssicherheit einzuführen, der nicht ohne alle Gefahr sei, damit die Kräfte der Menschheit nicht einschlafen, aber doch auch nicht ohne ein Prinzip der Gleichheit ihrer wechselseitigen Wirkung und Gegenwirkung, damit sie einander nicht zerstören. Ehe dieser letzte Schritt (nämlich die Staatenverbindung) geschehen, also fast nur auf der Hälfte der Ausbildung, erduldet die menschliche Natur die härtesten Übel unter dem betrüglichen Anschein äußerer Wohlfahrt; und Rousseau hatte so unrecht nicht, wenn er den Zustand der Wilden vorzog, sobald man nämlich diese letzte Stufe, die unsere Gattung noch zu ersteigen hat, wegläßt. Wir sind in hohem Grade durch Kunst und Wissenschaft cultivirt. Wir sind civilisirt bis zum Überlästigen zu allerlei gesellschaftlicher Artigkeit und Anständigkeit. Aber uns für schon moralisirt zu halten, daran fehlt noch sehr viel.“

Eine wertvolle Zusammenstellung der chiliastischen Ansichten Kants findet der Leser in dem unlängst erschienenen Schriftchen von Georg Kullmann, „Immanuel Kant. Worin besteht der Fortschritt zum Besseren im Menschengeschlecht?“ Ein bisher ungedruckter und unbekannter Aufsatz Kants, herausgegeben und besprochen von Georg Kullmann, Wiesbaden 1914.

Ich wurde auf diese Schriftchen aufmerksam durch eine Selbstanzeige des im Felde stehenden Herausgebers in den Kantstudien XX. Heft.

Unter anderem verweist er auf eine in der Akademieausgabe veröffentlichte kurze Arbeit Kants (Band 15, II. Hälfte, S. 650).

Ferner auf Kants Streit der Fakultäten, wo unter dem Titel „Erneute Frage, ob das menschliche Geschlecht in beständigem Fortschreiten zum Besseren sei?“ das Thema am ausführlichsten behandelt wird. Hier wird der Krieg der Quell aller Übel und Verderbnis der Sitten genannt. Aus der neu aufgefundenen Schrift, die jetzt zur rechten Zeit veröffentlicht wird, hebe ich nur die eine Stelle heraus: „Die zum Erfolg der verlangten Begebenheit (Geschichte der künftigen Zeit) teils moralisch einwirkenden inneren, teils physisch dahin nötigenden äußeren Ursachen sind wirklich, denn teils ist in allen ihres Vernunftgebrauchs mächtigen Menschen ein lebhaftes Gefühl der Lust am Gelingen, mithin auch ein subjektiver Grund zur Beförderung einer solchen fortschreitenden Weltbegebenheit, teils nötigt der in der menschlichen Natur gewurzelte Hang zum Kriege, der alle guten Zwecke der Menschen rückgängig zu machen droht, zur Bewirkung und steten Erhaltung einer solchen weltbürgerlichen Verfassung derselben, welche zum moralischen Fortschreiten hinleitet".

In einer „Liebesgabe deutscher Hochschüler", die unter dem Titel „Deutsche Weihnacht" der akademischen Jugend im Felde gewidmet ist, spricht der Neu-Kantianer Hermann Cohen vom „ewigen Frieden". Er unterscheidet die Idee als sittliche Aufgabe, von deren Verwirklichung; fragt nun einer, ob die Idee des ewigen Friedens Wirklichkeit werde, so antwortet er: „Darf man fragen? Die Idee soll ja von der Wirklichkeit unterschieden bleiben. Es muß uns daher genügen, daß wir fragen: Welche Gewähr besteht, daß die Verwirklichung niemals aufhört und niemals abbricht? Auf diese Frage gibt es nur eine Antwort, aber diese eine Antwort enthält die höchste und innigste Gewißheit des Trostes: Diese Gewähr besteht im Glauben an Gott."

Die Frage „Welche Gewähr besteht für die Richtigkeit dieses Glaubens?" wird von dem Verfasser nicht berührt. Gesetzt nun, es sei — wie ich überzeugt bin — diese Frage in wissenschaftlich einwandfreier Weise in theistischem Sinne zu beantworten, so ist eine Gewähr für das, was Cohen die Verwirklichung der Friedensidee nennt, doch noch nicht absolut gegeben; denn das Schicksal unseres Planeten ist, wie Leibnitz ganz richtig erkannt hat, nicht das Schicksal der Schöpfung. Nur ein Prozeß ewigen Fortschreitens innerhalb der gesamten geistigen Welt ist durch die Existenz Gottes garantiert, nicht das des Menschengeschlechtes auf der Erde; ja, diesem steht sicherer Untergang bevor — wenn nicht alles täuscht, was die Naturforschung behauptet. Es kann recht wohl der ewige Friede eines Kirchhofs über die Erde gebreitet und hiermit auch die Idee des ewigen Friedens im pazifistischen Sinne zur irdischen Ruhe bestattet sein, ohne daß doch das Vertrauen auf die göttliche Weltordnung im geringsten durch solche Möglichkeiten berührt wird. Ein derartig geozentrischer Standpunkt wird überwunden durch den Nachweis der Unzerstörbarkeit der seelischen Substanz und die auf Gott gegründete Hoffnung auf Fortleben und Fortschreiten in anderen Lebensformen, eine Hoffnung, die auch Helmholtz nicht aufgeben mochte. Dennoch ist die Idee des „ewigen" Friedens für uns Menschen zu verfolgen und die Hoffnung auch auf ihre „Wirklichkeit" nicht aufzugeben; nicht nur für einen Kantianer, für den dies aus dem Satze „Du kannst, denn du sollst" ohne weiteres folgt, sondern auch für jemanden, der nur das Erreichbare anstreben zu dürfen glaubt. Denn es ist klar, daß der „ewige Friede" von menschlichen Willensentschlüssen abhängt, und daß diese niemals und unter keinen Umständen von Vernunft und Gerechtigkeit werden bestimmt werden, ist eine pessimistisch-fatalistische Annahme, zu der wir nicht nur nicht genötigt sind, sondern deren Gegenteil wir umsomehr erhoffen dürfen, je mehr wir selbst dazu tun.

Protestieren muß ich gegen den Satz: „Die Idee soll von der Wirklichkeit unterschieden bleiben". Wenn Cohen die Idee selbst als das „Sollen" charakterisiert, so kann das nichts anderes heißen, als daß der „ewige" Friede *sein soll*, und wenn er sie als ewige Aufgabe bezeichnet, so heißt dies, daß er immer nichts anderes als „Idee" und *von der Wirklichkeit unterschieden bleiben soll*; daß hieße, daß er ein Herbeizuführendes ist, das nicht herbeizuführen ist, daß er also etwas ist, was *nicht* sein soll; gerade das Gegenteil ist wahr: „Die Wirklichkeit soll von der Idee nicht unterschieden sein", d. h. ihr entsprechen, und einzig und allein nach einer solchen Wirklichkeit ist zu streben. Die Verwirklichung soll zur Wirklichkeit führen.

„Die ganze Natur", sagt Feuchtersleben, „ist ja nur Echo des Geistes, und es ist das höchste Gesetz, welches sich in ihr auffinden läßt, daß aus dem Ideellen das Reale werde, daß die Idee allmählich die Welt nach sich gestalte". Das gilt überall dort, wo die „Idee" ein ganz bestimmter Nutz- oder Eigenwert ist. Hier besteht aller Fortschritt in dem Fortschritt zur Realisierung, womit dann der Prozeß beendet, die Aufgabe erfüllt ist. Ein solcher Prozeß ist ein endlicher. Anders, wo es sich um die *Idee* eines ewigen Prozesses handelt, nämlich um die Idee des Fortschrittes selbst, das heißt, der immer fortschreitenden Wertsteigerung oder Vervollkommnung der Welt. In diesem Sinne ist

— einen vollkommenen Schöpfer vorausgesetzt — der Weltprozeß ein ewiges Fortschreiten zu immer Vollkommenerem, eine fortschreitende Steigerung der Werte; und in diesem Sinne ist es unsere Aufgabe, das Fortschreiten der Welt zu immer höherer Vollkommenheit in jeder Hinsicht zu fördern.

Und jener Entwicklungsprozeß ist ewig d. h. in keiner endlichen Zeit je vollendet; dennnoch ist auch er nicht nur ewige Verwirklichung, sondern ewige Wirklichkeit der „Idee" des ewigen Fortschreitens.

---

2. Nachträgliche Anmerkungen und Zusätze.

Anmerkung zu S. 53ff: Dr. Fritz Stier-Somlo, Universitätsprofessor in Bonn, schreibt in seinem Buche „Politik", zweite erheblich verbesserte und ergänzte Auflage, Leipzig 1911, S. 111:

„Eine ethische Rechtfertigung des Staates ist schon bei Plato und Aristoteles zu finden; sie wurde dann besonders von Christian Wolff, Fichte und Hegel, aber auch von neueren Rechtsphilosophen vertreten. Durch die sittliche Idee, durch die Auffassung, daß die menschliche Persönlichkeit nur innerhalb des Staates sich ganz im guten Sinne entfalten könne, wird diese Ansicht gestützt. Diese ethische Theorie schwebt vollständig in der Luft."

Sowohl dieser Ausspruch als das folgende beweist nur, daß der Verfasser den Begriff der ethischen Rechtfertigung nicht klar erfaßt hat; er müßte sonst wohl einsehen, daß, wenn es nicht möglich wäre, den Staat ethisch zu rechtfertigen, ihm eben damit die Existenzberechtigung abgesprochen und der Anarchismus gelehrt und durchgeführt werden müßte.

Und wenn auch dieser oder jener Versuch einer ethischen Rechtfertigung im einzelnen mißglückt ist, so darf doch der Gedanke, daß der Staat einer sittlichen Rechtfertigung bedürfe und einer solchen fähig sei, nicht aufgegeben werden.

Anmerkung zu S. 25: Den Einfluß von Wundt merkt man deutlich in der im übrigen lesenswerten Schrift „England und wir" von J. Rießer, Präsident des Hansabundes, Leipzig 1904, der den skrupellosen Egoismus Englands verschärft werden läßt durch die Lehren des englischen Philosophen Bentham und seiner Nachfolger. Sogar daß die absurde Lehre, das Geld sei das Maß aller Werte, von Bentham herrühre, übernimmt Rießer von Wundt, gewiß in gutem Glauben und im Vertrauen auf den leider nur allzugroßen Kredit, den Wundt immer noch genießt. Auch Münsterbergs „The peace and America", Tauchnitz 1915, zeigt sich in dem Kapitel „Die höchsten Werte" von Wundt beeinflußt.

Anmerkung zu S. 149: Daß die Ableitungen ethischer Sätze aus dem kategorischen Imperativ Kant selbst mißlungen ist, hat Franz Brentano im „Ursprung sittlicher Erkenntnis" S. 49 gezeigt. Gallinger in den Kantstudien, Bd. VI (1901) „Zum Streit über die Grundprobleme der Ethik in der neueren philosophischen Literatur" erklärt die Brentanoschen Einwände für gegenstandslos, ohne auch nur den geringsten Versuch zu machen, sie zu entkräften. Brentano zeigt, daß es nicht möglich ist — wie Kant das versucht — aus einer dem kategorischen Imperativ widerstreitenden Maxime zu einer „Selbstaufhebung" der betreffenden Maxime zu gelangen. Gallinger aber schwebt eine teleologische utilitarische Rechtfertigung vor, deren Möglichkeit zuzugeben ist, die aber den kategorischen Imperativ seines angemaßten axiomatischen Charakters entkleidet.

Anmerkung zu S. 142 u. 72:

1. Man prädiziert vom Kriege solches, was nicht vom Kriege gilt, sondern von der Kriegsbereitschaft; so z. B. wenn man auf gewisse günstige Wirkungen der allgemeinen Wehrpflicht hinweist oder die Förderung der Industrie, der Technik und des Verkehrswesens durch den militärischen Bedarf hervorhebt.

2. Man betrachtet Krieg und Kriegsbereitschaft und Kriegsrüstung als etwas schlechthin Unvermeidliches, als Naturnotwendigkeit, als „Naturgesetz" (Wilhelm Kahl in „Deutsche Reden" I.); und doch ist von einem solchen (wie H. Fried bemerkt) hier noch viel weniger die Rede, als etwa bei Seuchen, deren Entstehung nicht von menschlichen Willensentschlüssen abhängt. Es heißt einem doppelt schmachvollen Fatalismus huldigen, wenn man das Menschengeschlecht in intellektuell-ethischer Beziehung für schlechthin unverbesserlich und ohnmächtig hält, während man in hygienischer Beziehung auf entgegengesetztem Standpunkte steht.

3. Man übersieht, daß auch etwas, was an und für sich ein Übel ist, ethisch gerechtfertigt sein kann, und meint darum, daß ein ethisch gerechtfertigter Krieg darum schon in sich etwas Wertvolles sei. Demgegenüber habe ich schon in den Kantstudien 1913 darauf verwiesen, daß auch in einem Falle, wo der Krieg sittlich gerechtfertigt ist, der Friede nicht — wie das Giorgio Del Vecchio tut — als ein Adiaphoron betrachtet werden dürfe.

Vielmehr bleibt es beklagenswert, daß hic et nunc das ethisch Gebotene ein Übel in sich selbst ist, und daß auf etwas, was an und für sich so hohe primäre Güter verbürgt wie der Friedenszustand, verzichtet werden muß.

Es ist ganz ähnlich, wie wenn einer die Strafe darum als etwas in sich Wertvolles preisen würde, weil ihre Verhängung mitunter das ethisch Gebotene ist.

Andererseits ist es nötig, sich gegen Külpes Behauptung zu verwahren, daß die Pazifisten jeden Krieg für etwas Unsittliches halten, das nichts mit ethischen Motiven und Grundsätzen zu tun habe (S. 8 seiner Schrift „Die Ethik und der Krieg"). Das lehrt der Pazifismus durchaus nicht. Was er anstrebt ist, daß eine Zeit komme, in der es nicht mehr ethisch gerechtfertigt sein kann, Kriege zu führen. Die ethische Rechtfertigung des gegenwärtigen Notwehrkampfes Deutschlands und Österreichs z. B. bleibt unangezweifelt, auch für jemanden, der es beklagt, daß es zu ihm gekommen ist. Wenn daher Otto von Gierke, Krieg und Kultur, in „Deutsche Reden in schwerer Zeit", 1. Band, Berlin 1914, schreibt: „Die deutsche Friedensliebe wurde mißbraucht, um den Lehren des Pazifismus Eingang zu verschaffen, deren in ihrer Unklarheit doppelt gefährliche Friedensschwärmerei auf die Entk von Ehrhardt Karras G. m. b. H. in Halle (Saale).

mannung der Völker abzielt", so bekämpft er den Pazifismus nicht mit gerechten Waffen.

Anmerkung zu S. 54: Der Gedanke der verteilenden Gerechtigkeit und der Schwierigkeit, sie zu realisieren, wird berührt von *Scheler*, Der Genius des Krieges, S. 90, indem er bemerkt:

„Daß das *richtig* formulierte Prinzip der Gerechtigkeit sich auf Staaten und Nationen faktisch garnicht anwenden läßt. Denn dieses richtig formulierte Prinzip fordert nicht, daß „unter denselben Umständen bestimmten Subjekten Gleiches geleistet und genommen werde", sondern daß gleichen oder *gleichwertigen* Subjekten unter gleichwertigen Umständen Gleichwertiges widerfahre. Wo aber wäre auch nur ein denkbarer Maßstab für den Wert der Staaten und Nationen, der schon für die Herstellung der „Normen" eines solchen Gerichtshofes — nicht erst seiner Rechtsprechung — Voraussetzung wäre? Nur unter der ständigen Fiktion der Gleichwertigkeit und der gleichen Herrschaftswürdigkeit der Staaten könnte ein solcher Gerichtshof operieren, d. h. unter einer Fiktion, welche alle „höhere Gerechtigkeit" schon prinzipiell und vom Hause aus als widersittlich verneint."

Derselbe Gedanke tritt hervor S. 56 und 348: „Der englische Krieg geht vielmehr auf die Erhaltung seiner Allgeltung zur See, auf die England ewiges Recht zu haben glaubt, jener seiner Seehegemonie, die alle Ausbildung des Seerechts bisher in jeder dem Landrecht würdigen Entfaltung hemmte — eines Anspruches, der nicht nur unseren, sondern jeden Kolonialbesitz anderer europäischer Völker dauernd gefährdet und jede sinnvolle und gerechte Aufteilung der Erdkugel, entsprechend dem inneren Werte der durch sie zur Vertretung kommenden Nationalkulturen dauernd hemmen muß."

Ähnlich auch Oswald *Kulpe*, Die Ethik und der Krieg, Leipzig 1915, S. 13: „Nun bedürfte man natürlich einer solchen obersten Völkerkammer nicht, wenn die einzelnen Staaten in voller Einsicht in ihre Leistungsfähigkeit und in vertrauender Liebe zueinander, sich wechselseitig anzuerkennen und zu unterstützen beflissen wären. Dann würden von selbst die Verschiebungen und Bereicherungen eintreten, auf die die einzelnen Staaten nach Maßgabe ihrer Tüchtigkeit und Vortrefflichkeit Anspruch erheben dürfen. Solange dieses Ideal nicht erfüllt ist, solange die Menschen bleiben was sie sind, wird es voraussichtlich Kriegsursachen und Kriege geben." Vgl. auch S. 30.

Beide Autoren heben hervor, daß es Fragen der *verteilenden* Gerechtigkeit sind, bzw. Ansprüche, die ein Volk auf Grund der verteilenden Gerechtigkeit zu haben glaubt, die sich schiedsgerichtlicher Lösung entziehen; daß ein Volk die Würdigkeit, die es zu besitzen glaubt, sich von niemandem wird absprechen lassen.

Man ersieht aus dem Texte, inwieweit ich diesen Ansichten zustimme. Doch halte ich für schlechthin unrichtig, wenn *Külpe* dem Satze Seebergs Beifall zollt: „Wohl kann der einzelne Mensch zugunsten anderer auf Geltung und Einfluß mit sittlichem Recht verzichten. Aber nie gilt das vom Leben der Völker." Külpe glaubt, damit sei eine geschichtliche Grundlage für die Beurteilung des Krieges gegeben (S. 26). Ich kann das nicht einsehen; ich kann zugeben, daß es faktisch nicht geschieht, nicht aber, daß es nicht unter Umständen geschehen sollte. Ebensowenig beweisend ist eine Berufung auf die Hegelsche Mystik, die den Staat zur „sittlichen Substanz" macht und ihr Recht unmittelbar in seiner konkreten Existenz erblickt, die allein Prinzip ihres Handelns und Benehmens sein kann (S. 30 u. 31).

Anmerkung zu S. 75: Scheler bringt in die Terminologie der Wertlehre eine heillose Verwirrung.

Er behauptet S. 30, der Utilitarismus müsse die geistigen Werte (Erkenntnis, Wissenschaft, Kunst) und die Lebenswerte (Vollkraft, Rasse, Gesundheit, echte „Macht") denen des Nutzens und der Technik unterordnen.

Ich erwidere: Meinte Scheler den Benthamschen Utilitarismus, hätte er sagen müssen, Bentham kenne nur einen Wert, die Lust, und einen Unwert, den Schmerz, und dies sei unrichtig, wenn auch Bentham die Folgen durch dieser Lehre Inkonsequenz erheblich mildert.

Allein der Utilitarismus hat seit Bentham Wandlungen durchgemacht, und es gibt heute einen Utilitarismus, der alle Werte der Seele als Eigenwerte gelten läßt, wie Vorstellungsreichtum, Erkenntnis, edle Gemütstätigkeiten, daneben auch Genüsse verschiedenster Art, und der auch unter diesen Werten mannigfache Wertunterschiede anerkennt.

Utilitarismus darf sich eine solche Ethik nennen, weil Utilitarismus nichts anderes ist als Nützlichkeitslehre, und diese Lehre dahin geht, es habe sich jeder so nützlich zu machen als möglich, jeder habe das für die Wertvermehrung und -steigerung Nützlichste zu tun.

Es ist eine Änderung des Begriffs Utilitarismus im Sinne einer Erweiterung, was Denker wie Brentano oder Sidgwick hier angebahnt haben.

Sie tun nichts anderes, als die platonisch-aristotelische Tafel der Eigenwerte um jene Güter zu vermehren, die Bentham aus ihr entfernt hat.

Scheler dagegen versteht unter utilitarischen Werten die „des Nutzens und der Technik", das heißt also die Nützlichkeiten, die sekundären Werte, nicht die primären. Weder Bentham noch Mill haben aber etwas derartiges gemeint, wenn jener den größten Nutzen der größten Zahl, dieser den Utilitarismus gelehrt hat. Das ist ja eine Verwechslung der Eigenwerte mit den Nützlichkeiten, die in dieser Weise keinem dieser Denker zur Last fällt. Dagegen muß protestiert werden, daß man aus dem Utilitarismus einen Popanz macht, um ihn dann zu bekriegen!

Wohl begeht aber Scheler selbst einen solchen Fehler, indem er neben die geistigen Werte (Erkenntnis, Wissenschaft, Kunst) die Lebenswerte (Volkskraft, Rasse, Volksgesundheit, echte „Macht") stellt, und sie beide von denen des Nutzens und der Technik scheidet. Alles, was Scheler Lebenswerte nennt, sind durchaus sekundäre Werte oder Nützlichkeiten und stehen nicht auf einer Stufe mit Erkenntnis, Wissenschaft, Kunstbetätigung. Sie verhalten sich zu diesen wie Mittel zum Zweck.

Nur was Scheler S. 59 zur freien Geisteskultur zählt, Kunst, Philosophie, Wissenschaft, wozu auch die Sittlichkeit und das religiöse Leben (62) gezählt werden kann, nur das und nichts anderes ist als Eigenwert, als in sich selbst Gutes anzusehen; alles andere, was nicht zu den Werten seelischer Betätigung gehört ist bloße Nützlichkeit.

Hierbei sondert er wieder Wissenschaft und Philosophie; ich staune über diese Sonderung bei einem Manne, der von sich sagt, daß er in seiner

Grundlegung der Wertlehre und Et
Werte" entwickelt habe unter „stre
für phänomenologische Forschung

Anmerkung zu S. 146: V
länders Ausgabe von Kants Schri
1914, dessen ausführliche Einleit
gedankens Bentham nicht erwähnt

Anmerkung: Das Manusk
als in der Friedenswarte XVII He
von Dr. W. Förster erschien; au
Aufsatze hebe ich nur eine Stelle
der Wahrung seiner Macht arbeite
weit seine wahren Existenzbeding
reichen, müßte an seiner eigenen

Druckfe

S. 9 Z. 21 v. o. lies: axiom
S. 10 Z. 11 v. u. lies: größ
S. 26 Z. 14 v. u. lies: 29 J
S. 28 Z. 13 v. u. lies: We
S. 30 Z. 9 v. u. lies: desto
S. 42 Z. 16 v. u. lies: erh
braucht".
S. 82 letzte Zeile lies: N
S. 83 Z. 4 v. o. lies: Nati
S. 93 Z. 14 v. o. lies: des
S. 95 Z. 13 des Textes v.
S. 98 Z. 10 v. o. und S.
Vermehrung.
S. 102 letzte Zeile lies:
S. 104 Z. 5 des Textes v
S. 109 Z. 14 v. o. lies: d
S. 110 Z. 2 v. o. hat das
S. 111 Z. 13 v. o. lies:
fassung statt der Vorgänge.

Dru